Aus Freude am Lesen

Elke Naters & Sven Lager
Was wir von der Liebe verstehen

Elke Naters & Sven Lager

Was wir von der Liebe verstehen

btb

Verlagsgruppe Random House FSC-DEU-0100
Das für dieses Buch verwendete FSC-zertifizierte Papier
Super Snowbright liefert Hellefoss AS, Hokksund, Norwegen.

1. Auflage
Copyright © 2008 by btb Verlag
in der Verlagsgruppe Random House GmbH, München
Satz: Uhl+Massopust, Aalen
Druck und Einband: GGP Media GmbH, Pößneck
Printed in Germany
ISBN 978-3-442-75212-6

www.btb-verlag.de

Inhalt

Vorwort 9

1 Auf den ersten Blick
Oder warum wir uns nicht retten können

Liebe 13
Rettung 16
Anfang 25

2 Einsamkeit
Oder warum man auch zu zweit allein sein kann

Einsamkeit 31
Wut 38
Führung 48
Geheimnisse 57
Direkt indirekt 66

3 Einswerden
Oder warum Keinsex die Welt zerstört

Sex 73
Lust 82

4 Der Blinde und die Lahme
Oder warum der eine zum anderen passt wie
die Faust aufs Auge

Wie du mir, so ich dir   95
Geben und Nehmen   98
Der Spaziergang   105
Zwischen den Zeilen   109

5 Kopf und Herz
Oder warum wir nur für uns selbst denken können

Wenn du denkst   115
Herausforderung   120
Fünf Dinge   123

6 Liebe ist kein Gefühl
Oder warum die Liebe kein Kramladen ist

Liebe dich selbst   131
Disziplin und Fokus   144
Die Tochter   154
Lügen und Betrügen   163
Trennung   170
Heul doch   178

7 Alles oder nichts
Oder warum Gott die Liebenden schützt

Entscheidung   187
Schöne Worte, leiser Verrat   190
Stuck in the mud   197
Erste Liebe   203

*Die Liebe ist langmütig, die Liebe ist gütig.
Sie ereifert sich nicht, sie prahlt nicht,
sie bläht sich nicht auf. Sie handelt nicht ungehörig,
sucht nicht ihren Vorteil, lässt sich nicht zum Zorn reizen,
trägt das Böse nicht nach.
Sie freut sich nicht über das Unrecht,
sondern freut sich an der Wahrheit.
Sie erträgt alles, glaubt alles, hofft alles, hält allem stand.
Die Liebe hört niemals auf.*

1 Korinther 13. 4–8

Vorwort

Wir lieben uns seit vierzehn Jahren. Das ist das Alter unseres Sohnes plus eins. Oder unserer Tochter plus drei. Nicht dass wir vorhatten, Kinder zu haben, es passierte einfach, so wie die Liebe ohne Vorwarnung kam.

Nach zwölf Jahren, sieben Büchern, vier Umzügen in drei verschiedene Länder und zwei Kindern heirateten wir im Meldeamt einer kleinen Provinzhauptstadt in Südafrika zwischen Tankstelle und Metzgerei, während eine Gruppe Gefangener in orangen Overalls und Fußfesseln an uns vorbeischlurfte.

In diesem Jahr haben wir wieder geheiratet. Die Kirche war eine alte Gemeindehalle, der Pfarrer ein Surfer in Jeans, und anschließend gab es ein Fest im Garten mit siebzig Gästen und drei riesigen Töpfen Chili con Carne. Wir waren glücklich und verliebt wie am ersten Tag.

Wir dachten, wir haben etwas geschafft, woran viele scheitern. Wir lieben uns immer mehr nach so vielen Jahren, wir wissen etwas, was viele nicht wissen, und aus dem Stolz und dem Glück entstand die Idee für dieses Buch.

Voller Euphorie begannen wir zu schreiben, doch es kam ganz anders. Ehe wir's uns versahen, steckten wir in einer

Krise. Auf einmal schien unsere Liebe eine Geschichte von Streit, Einsamkeit und Kompromissen.

In einigen Dingen hatten wir uns arrangiert, andere tolerierten wir stillschweigend. Wir mussten genauer hinsehen. Wir mussten zurückgehen zu unseren Idealen, Ansprüchen und Sehnsüchten.

Schicht für Schicht legten wir unsere Liebe frei und verstanden mehr und mehr. Manches lag begraben, anderes war nie ausgesprochen worden, und wir stellten fest: Wir müssen ehrlich sein bis auf die Knochen, wenn wir unsere Liebe retten und sie wachsen lassen wollen.

Wir haben uns eine tiefere Einsicht erschrieben und darüber eine Erkenntnis gewonnen, die wir überglücklich teilen wollen.

So wie wir von anderen Paaren und deren Liebe inspiriert wurden, möchten wir unsere Geschichte mit all denen teilen, für die die Liebe eine Herausforderung ist.

Unsere Liebe ist einzigartig, aber wir haben gegensätzliche Charaktere, Wünsche und Vorstellungen, wir haben Geldsorgen, Kinder, Schwiegermütter und unerfüllte Wünsche wie andere auch.

Unser Buch ist ein Geständnis, und es ist eine Verbeugung vor der Liebe, die größer ist als wir.

Elke Naters und Sven Lager

1   Auf den ersten Blick

Oder warum wir uns nicht retten können

*Love begins to be a demon the
moment it begins to be a god.*

C. S. Lewis

Liebe

Ich habe mich in meinem Leben aus vielen Gründen verliebt. Ich habe mich in Männer verliebt, weil sie eine Zahnlücke hatten, weil sie gut tanzen konnten, gut küssten, Schotten waren, weil sie mich wollten, ich sie wollte, jemand anderes sie wollte, weil ich nicht allein sein wollte oder weil sie mir zu einem bestimmten Moment genau das gaben, was ich brauchte.

Und ich habe mich in Männer verliebt, obwohl sie mich nicht liebten, obwohl sie nicht tanzen oder küssen konnten, obwohl sie keine Schotten waren, keine Zähne hatten, obwohl sie an mir klammerten, taub und süchtig waren und obwohl sie nichts von dem wollten, was ich wollte. Nur schön waren sie alle.

Viele habe ich nur einen Augenblick geliebt, in dem ich die Erfüllung aller Träume und Sehnsüchte aufblitzen sah, andere eine Nacht, Wochen, Tage oder Jahre. Ich hatte sogar Zeit mit einem Mann verbracht, den ich nicht liebte, in der Hoffnung, ich könnte ihn eines Tages lieben, so verzweifelt war ich, Liebe zu finden.

Den Mann, dem ich wirklich verfallen war, hielt ich für meine große Liebe. Liebe war für mich, wenn ich vor Eifersucht nicht schlafen konnte, wenn mein Lebensglück davon abhing, wie gut wir uns verstanden, wenn mein Tagesablauf sich darum drehte, wann er Zeit hatte und wir uns sehen konnten. Er bestimmte unser Zusammenleben und mein Glück.

Wenn ich unglücklich war, weil ich mich nicht genug geliebt fühlte, betrog ich ihn. Ich versuchte mich in andere Männer zu verlieben, aber es funktionierte nicht, weil ich alles nur wegen ihm tat.

Ich dachte, so fühlt sich große Liebe an. Das ist Leidenschaft. Wer will sich schon mit lauwarmen Verhältnissen aufhalten. Ich wollte die ganz große Liebe, und die hatte ich offensichtlich.

Ich hatte mich selbst verloren in meiner Liebe. Es war eine schöne, große Liebe, aber eine ungesunde.

Ich idealisierte den Mann, den ich liebte. Ich vervollständigte ihn in meiner Vorstellung. Alles, was er nicht war, wünschte ich mir dazu. Ich verzweifelte daran, dass er nicht so war, wie ich ihn mir wünschte. Warum konnte er nicht aufmerksamer, zärtlicher, liebevoller sein, mehr Zeit für mich haben und weniger selbstbezogen sein, denn dann wären wir perfekt!

Ich projizierte mein Liebesideal auf ihn und verzweifelte daran, dass sich Bild und Realität nicht deckten. Je mehr ich verzweifelte, desto mehr wollte ich, dass er so war, wie ich ihn haben wollte, und ich dachte, weil ich ihn trotz allem liebte, muss er meine große Liebe sein, und hielt noch mehr an ihm fest.

Irgendwann begriff ich, dass ich diesen Traum mehr liebte als den Mann. Meine große Liebe war der Mann, der er hätte sein können. Der Mann, der mich hätte glücklich machen können. Noch viel später sollte ich erkennen, dass ich Ansprüche an ihn gestellt hatte, die er gar nicht erfüllen konnte, dass ich ihm zum Vorwurf gemacht hatte, nicht so zu sein, wie ich ihn haben wollte, dass er mich nicht so liebte, wie ich geliebt werden wollte. Ich sah nicht, was er für mich tat, sondern was er nicht tat.

Erst zwanzig Jahre später begriff ich, dass ich am Scheitern dieser Liebe, für die ich ihm alle Schuld gab, selbst verantwortlich war.

Er liebte mich, so gut er konnte, aber seine Liebe war nie gut genug für mich. Ich begann zu bereuen, und mit der Reue kam die Heilung.

Ich kann nicht wieder zurückgehen und alles richtig machen, aber ich kann daraus lernen und es heute besser machen. Um glücklich zu werden musste ich meine Vorstellung von der Liebe ändern: weg von einer Liebe der Leidenschaft, die existenzerschütternd ist, die mich umreißt, mir den Kopf verdreht, mich nicht mehr schlafen und essen lässt, und hin zu einer Liebe, die mich stärkt.

Ich wollte keinen Mann mehr, der mir das Herz bricht, sondern einen, der mich liebt und unterstützt. Einen, mit dem ich Seite an Seite wachsen und Abenteuer erleben kann.

Rettung

Elke rettete mich an dem Tag, an dem ich mit einer bisexuellen Dänin durchbrennen wollte, die zu viel trank.

Seitdem haben Elke und ich fast jeden Tag zusammen verbracht und beteuern uns heute noch gerne, wie wunderbar es war, dass wir uns damals gerettet haben. Die Wahrscheinlichkeit zusammenzufinden war, wie bei vielen Liebesgeschichten, zu absurd, um wahr zu sein.

Elke und ich lebten acht Jahre in derselben Stadt, hatten viele gemeinsame Freunde, waren angeblich auf vielen denkwürdigen Partys zusammen, ohne uns je kennengelernt zu haben. Dann kam der Tag meiner ersten und einzigen Ausstellung als Bildhauer, an dem wir uns über eine Entfernung von fünf Metern ineinander verliebten, in exakt dem Moment, in dem ich in ein Käsebrot biss und sie lachte.

Elke rettete mich, aber da war noch mehr. Wir müssen uns selbst in den verzweifelten, einsamen Jahren davor begegnet sein und uns doch nicht erkannt haben. Oder aber ich erkannte Elke nicht als die Frau, die zu mir gehören sollte.

Ich muss blind gewesen sein bis zu diesem Dezembertag 1993. Mein Leben ging den Bach runter. Ich hatte alles mit Euphorie begonnen, jedes Studium, jeden Job, meine Zeit beim Radio als DJ und Kritiker, jede Liebe, bis die Kraft des Neuen nachließ und ich ebenso. Und wenn ich nicht den Antrieb und die Lust verlor, verließ mich das Glück anderweitig: Das Radio ging in Konkurs auf dem Höhepunkt seines Erfolgs, oder der Exfreund meiner großen Liebe brachte sich um, um danach als Toter zwischen uns zu stehen.

Die Jahre vor Elke trieb ich auf hoher See ohne Orientierung, paddelte freudig in die eine, dann in die andere Richtung, und sah doch nirgends Land. Ich war frustriert, denn ich war aufgewachsen mit der Idee, ich könnte mein Leben gestalten, lenken, alles entscheiden, bis ins kleinste Detail. Darum haderte ich mit meinem Leben. Mir dämmerte, wie vermutlich vielen Endzwanzigern, dass meine großen Erwartungen nicht so leicht zu realisieren waren.

Elke will oft, dass ich ihr die Geschichte von jenem Tag erzähle, an dem wir uns trafen. Sie will hören, wie ich von ihr geblendet war, hingerissen. Nur versteht sie immer noch nicht, wie ich so benommen sein konnte, sie endlich getroffen zu haben, dass ich die Nacht auf dem Sofa meiner Exfreundin verbrachte, die im Zimmer nebenan an ihren toten Exfreund dachte.

Elke kann auch nicht nachvollziehen, mit welcher Berechnung ich am selben Tag eine mir unbekannte Dänin zu meiner nächsten Freundin machen wollte.

»Was wolltest du mit der Dänin? Was war das für ein Plan?«

Vielleicht ist es ein Männerding. So wie sich Hummer in die Hose zu stecken bei Jack Ass, auf allen vieren den

Kilimandscharo zu besteigen oder einen Rolls-Royce mit Streichhölzern maßstabsgetreu nachzubauen ein Männerding ist. Wenn die Männer merken, was für einen Unsinn sie fabrizieren, hören sie nicht auf. Nur ein Wunder kann sie noch aufhalten. Mein Wunder war Elke.

Damals war das Einzige, woran ich glaubte, die Tat. Ich musste handeln, egal wie, um mich aus der Dunkelheit, aus dem Chaos zu befreien. Ich hatte keine Ahnung vom göttlichen Plan. Ich hatte keine Ahnung, dass es einen Lebenslauf gibt. Ich sah das Leben wie eine Salzwüste – rundherum unendliche Weite, jede Richtung gleich. Was war falsch gelaufen?

Ich hatte mich stets in die falschen Frauen verliebt auf der Suche nach einer echten Liebe. Und ich wollte nicht immer wieder von vorne anfangen. Also beschloss ich, am Tag meiner Ausstellung das Gegenteil von dem zu tun, was ich normalerweise tat.

Ich sah es wissenschaftlich. Wenn ein Forscher nicht weiterkommt, muss er das Unwahrscheinliche versuchen. Oder der Zufall hilft, so wie bei vielen weltverändernden Erfindungen, die in völliger Ratlosigkeit entstanden.

Das Gegenteil meiner bisherigen Traumfrau war: nicht groß, nicht lebenslustig, nicht optimistisch, nicht zärtlich, nicht lebensklug und nicht dunkelhaarig. Jedenfalls nicht alles auf einmal. Mein Konzept war, das Verlieben zu umgehen, das mir wie ein pawlowscher Reflex vorkam. Ich wollte meine nächste Liebe arrangieren.

In der Nacht vor der Vernissage hatte ich mit einem Freund meine Gipsabdrücke von Gebrauchsgegenständen an die Galeriewände gehängt. Wir hatten getrunken, wenig geschlafen und waren voller Erwartung. Ich war gefährlich gut gelaunt und zu allem entschlossen.

Als sich der Ausstellungsraum langsam füllte, machte ich die Dänin aus. Es ging mir nur darum, das Gegenteil meiner Traumfrau zu finden, und sie schien genau die Richtige zu sein. Ihre Nase war rot von Schlafmangel und Schnaps, das Gesicht schmal. Sie verzog den Mund, als sie meine Objekte an der Wand sah und lachte laut mit einem Bekannten. Als ich ihre Schulter berührte, zuckte sie zusammen.

Hätte ich sie unter anderen Umständen kennengelernt, wir wären sicher Freunde geworden. Nur trafen wir uns in einem ungünstigen Moment. Ich wollte morgens mit ihr über leere Wodkaflaschen stolpern und mittags verkatert und kettenrauchend über französische Kunsttheorie diskutieren. Ich wollte mit ihr, einer unmöglichen Liebe, die die Wende bringen sollte, das Leben herausfordern.

Die Wende zu was? Ich hatte keine Ahnung. Ich wusste nicht einmal, ob bei ihr zu Hause Wodkaflaschen herumlagen.

Ich überragte die Dänin um zwei Köpfe. Wir unterhielten uns kurz über Dänemark. Die Fabrikhalle summte, ein Soulstück lief, und die Besucher sahen alle glücklich aus an diesem Wintertag. Das Unmögliche schien plötzlich möglich. Ich würde Dänisch lernen und mich noch einmal an der Kunstakademie bewerben. Ich würde die Dänin von ganzem Herzen lieben, ob sie wollte oder nicht. Mir war ganz schummerig von den neuen Zukunftsperspektiven, und ich hielt mich am Tisch fest.

Ich hatte Hunger. Ich biss in ein Käsebrötchen, und da war sie: Groß, schön, souverän, dunkelhaarig, lebenslustig. Und sie lachte. Sie stand auf der anderen Seite des Raumes und sah mich an. Der göttliche Plan für mein Leben begann zu greifen. Die Dänin und ich wurden vor meinen bösen Absichten gerettet.

Heute weiß ich, wie nah dran ich damals war, den Glauben ans Leben zu verlieren. Nicht durch Unglück, Tod oder Krankheit, sondern schlicht durch: Leere. Ich hatte die Orientierung verloren.

Schon als Kind war ich glücklich über das Unglaubliche, das Große im Leben, das Besondere, die Möglichkeiten. Aber in jenen Tagen, kurz vor meiner ersten und letzten Ausstellung, lag ich in meinem Zimmer, betrachtete die Flecken eines Wasserschadens an der Decke und fühlte die Leere. Ich war wie die sepiafarbenen Muster an der Decke, die sich nur um sich selbst wanden und im Nichts endeten. Hey Welt, dachte ich, du willst mich nicht teilhaben lassen an deinen Wundern. Du willst mich nicht zu einem dekadent berühmten Künstler machen, der das Leben im Vollen lebt. Du führst mich nicht zu der Liebe meines Lebens, zu dem Abenteuer, nach dem mein Herz dürstet.

Jahre später wachte ich in einer riesigen, kalten Altbauwohnung auf, mit zwei schreienden Kindern, einer müden Frau, ohne Geld und Beruf. Aber ich war glücklich.

»Danke.«
»Nein, ich danke dir.«
»Nein, ganz ehrlich, du hast mich gerettet.«

»Nein, du mich. Ohne dich hätte ich einen Mann geheiratet, der spitze Stiefeletten trug.«

»Ohne dich würde ich jetzt Dänisch sprechen und Heroin schnupfen.«

Elke und ich machten in den letzten Wochen einen Running Gag daraus, uns gegenseitig für die Rettung des anderen zu danken. Aber die Wahrheit ist: Wir haben einander nicht gerettet, so wie ein Ertrinkender von einem Rettungsschwimmer aus der Strömung gezogen wird. Wir wurden beide an Land gespült. Die echte Liebe kam später, und sie war immer eine Herausforderung. Wir lernten schwimmen.

Elkes Liebe hat mich in vielem ein besserer Mensch werden lassen, der in mir steckte. Und andersherum. Aber die Liebe selbst ist keine Superheldenkraft in uns, sie ist eine Chance.

Wenn ich mit den Kindern in die Videothek gehe, fällt mir auf, dass fast jeder dritte Film heute von der Rettung durch den Mann oder die Frau des Lebens handelt. Diese Art der Rettung ist ein Missverständnis. Sie ist das Grundmissverständnis der Liebe seit der Moderne, denn was fängt man mit seinem Retter an?

Ich habe Jahre gebraucht, um zu verstehen, dass Elke mich nicht retten konnte. Weder vor der Welt noch vor meiner Leere.

Warum enden diese Filme immer dann, wenn es interessant wird? Die Frage ist doch, was passiert, wenn man die Liebe seines Lebens gefunden hat? Was machen die beiden JETZT? Wie lernen sie sich zu lieben? Was passiert NACH dem Happy End?

Søren Kierkegaards Liebesgeschichte im Kopenhagen des 19. Jahrhunderts ist ein schönes wie trauriges Beispiel für zu hohe Ansprüche.

Kierkegaard war ein Idealist, der im Geist der Aufklärung das göttliche Universum erforschen und den Menschen neu entwerfen wollte: als Individuum. Wie viele seiner Zeitgenossen sah er den menschlichen Willen als neue Gestaltungskraft unserer Welt. Der nach dem Vollkommenen strebende Mensch wurde das Ideal.

Kierkegaard verliebte sich in die junge Regine Olsen, verlobte sich mit ihr, seiner großen Liebe, und löste die Verlobung nach nur einem Jahr wieder auf. Er scheiterte an seiner Angst, unfähig zu sein für eine vollkommene Ehe. Er scheute die Herausforderung, mit und in der Liebe zu wachsen. Aus Idealismus und Melancholie entschied er sich gegen die Liebe, die er so nie wieder fand. Er bereute es sein Leben lang.

»Sich um die Liebe zu betrügen, ist der fürchterlichste Betrug; es ist ein ewiger Verlust, der sich nie ersetzen lässt, weder in der Zeit noch in der Ewigkeit.«

Die Ehe mit seiner geliebten Dänin hätte Kierkegaard auch nicht gerettet, aber sie hätte ihm das offenbart, was er später durch Nachdenken formulierte: »Dass man alle Wahrheit erfahren muss und leben, um sie zu verstehen.«

Regine Olsen heiratete, und Kierkegaard lebte innerlich zerrissen sein Leben weiter – mit Prostituierten, Alkohol, intellektuellen Fehden und einsamem Herzen.

Hätte ich mich gegen die höhere Macht der Liebe entschieden und wäre meiner Dänin gefolgt, vielleicht wäre ich heute ein berühmter Bildhauer mit einem Haus in Rio und vielen Verehrerinnen. Vielleicht hätten die Dänin und ich Kinder gehabt, vielleicht würden wir in Japan auf Ecstasy abraven. Wer weiß. Vielleicht wäre es ein ganz normales Leben geworden, nur dass meine Dänin vermutlich jeden Abend geweint hätte, so wie das Mädchen Olga aus Iwan Gontscharows Roman *Oblomow*, das aus Vernunft nicht Oblomow, sondern dessen Freund heiratete.

Als ich Elke einige Tage nach meiner Ausstellung wieder traf, wusste ich, dass wir nie wieder auseinandergehen würden. Auf eine Frau wie Elke hatte ich gewartet.

Ich preise jeden Tag mit Elke. Ich fühle mich heute noch leer, wenn sie länger als zwei Tage weg ist. Ich küsse jeden Abend meine Kinder, wenn sie schlafen, und danke für dieses Geschenk. Mein Herz ist zutiefst bewegt von ihnen. Sie geben meinem Leben Sinn. Aber sie sind nicht meine Rettung, und ich kann niemals ihre sein.

Meine Vorstellung, Elke hätte mich gerettet, hat uns fast unsere Liebe, unsere Ehe gekostet. Viele Paare scheitern daran, scheitern, weil sie an die Magie der Liebe glauben wie an einen Lottogewinn.

Aber wer rettet uns dann? Ich kann nicht erwarten, dass Elke oder meine Kinder der Sinn meines Lebens werden.

Mein Entschluss, Elke vom ersten Treffen an zu lieben, hat mich gerettet. Tag für Tag. Meine Erkenntnis, dass ich für diese Liebe etwas tun muss, hat mich gerettet. Die Liebe ist ein *work in progress.*

Gerettet an dem Tag meiner Ausstellung aber hat mich

eine höhere Macht. »Es kommt«, wie Kierkegaard sagt, »darauf an, dass einer wagt, ganz er selbst zu sein; allein vor Gott, allein in dieser ungeheuren Anstrengung und mit dieser ungeheuren Verantwortung.«

Anfang

Als ich Sven traf, erwartete ich nicht mehr viel von der Liebe. Ehrlich gesagt, zu diesem Zeitpunkt eigentlich gar nichts mehr.

Ich sah ihn, als er gerade in ein Käsebrötchen biss. Ich habe dieses Bild wie einen Schnappschuss in meiner Erinnerung. Ein perfektes Bild, aus der Halbtotalen, leicht von der Seite, Sven in der braunen Lederjacke mit Fellkragen, sein Muttermal unter dem rechten Auge. Wäre er in diesem Moment in einem anderen Winkel gewesen, mit einer andern Geste, wäre mein Blick nur wenige Sekunden früher oder später auf ihn gefallen, hätte ich ihn vielleicht gar nicht gesehen. Ich weiß nicht, was ich in diesem Moment gesehen habe, vielleicht war es nur eine Phantasie. Ich kann nicht einmal sagen, dass ich mich sofort in ihn verliebt habe. Aber in diesem Augenblick fing alles an.

Hätten sich unsere Blicke nicht in diesem Moment getroffen, wären wir womöglich aneinander vorbeigelaufen, ich wäre zu dem Mann zurückgegangen, den ich nicht liebte, und Sven hätte seinen Plan mit der Dänin weiterverfolgt.

Was wir beide nicht wussten, war, dass wir uns nur zwei Tage zuvor bei einer gemeinsamen Freundin getroffen hatten. Ich hielt ihn für einen ihrer abgedrehten Künstlerfreunde, die verrückte Sachen mit verbogenen Spiegeln machen, und er dachte, ich sei eine hochnäsige Charlottenburger Fotografenschickse. Ich war froh, als er endlich ging.

Wir haben uns nicht wiedererkannt zwei Tage später, aber jene Begegnung fand genauso statt wie die zweite, bei der wir uns gefunden haben.

Sven war anders als alle anderen Männer, in die ich mich bis dahin verliebt hatte. Er war größer, er war freundlicher, und er war blond.

Da war von Anfang an kein Zittern und Herzklopfen, kein Ruft-er-mich-an-oder-nicht, sondern Ruhe und Gewissheit.

Er blieb bei mir, ganz selbstverständlich, und ich fühlte mich nicht bedrängt oder bedroht, sondern beschützt, und es gab nichts Schöneres als seine Anwesenheit.

Das ist Glück, dachte ich eines Abends, als ich im Bett lag und las, während Sven in der Küche saß und schrieb.

Das ist Liebe, dachte ich. Bloß zu wissen, dass er da ist, gibt mir Ruhe und Gelassenheit. Ich kann ihn über den Flur und durch die Küchentür hindurch lieben und spüren, dass er mich zurückliebt, auch wenn er gerade mit etwas anderem beschäftigt ist. Wir gehen jeder unseren Weg, gemeinsam.

Wenn er nicht bei mir war, musste ich nie überlegen, ob ich ihn besser nicht anrufen sollte, weil ich ihn schon dreimal angerufen hatte, ich musste auch nie überlegen, was er von mir denken würde, wenn er wüsste, wie sehr ich ihn, nur fünf Minuten nachdem er das Haus verlassen hat, vermisse, weil er mich meistens in diesem Moment anrief, um mir zu sagen, wie sehr ich ihm fehle.

Ich weiß noch, wie mich diese Abwesenheit von Leidenschaft – im Sinne von Leiden – irritierte. Das schmerzhafte Ziehen im Bauch, die feuchten Hände, das Herzklopfen, die Unsicherheit. Das Gegenteil war der Fall. Ich spürte große Ruhe, Glück und Gelassenheit.

Es ist wichtig zu wissen, wie sich richtige Liebe anfühlt: Ruhig, warm und hell. Nicht nervös, ängstlich und außer sich.

Manchmal dachte ich deshalb, es ist vielleicht gar nicht Liebe, aber was hätte es denn sonst sein können?

2 Einsamkeit

Oder warum man auch zu zweit allein sein kann

*Ein Tropfen Liebe ist mehr als
ein Ozean Verstand.*

Blaise Pascal

Einsamkeit

Ein Film, der mich die Liebe besser verstehen ließ, war *Die unerträgliche Leichtigkeit des Seins* nach dem gleichnamigen Roman von Milan Kundera. Meine Nachbarin lieh mir die DVD, und ich wollte sie eigentlich gar nicht ansehen, weil ich die Sexszenen mit der Frau mit dem Hut genauso unerträglich fand wie Daniel Day-Lewis als schmierigen Aufreißer, der den Arzt Tomas spielt.

Was mich überzeugte, war Juliette Binoche als Teresa.

Sie arbeitet als Bedienung in einer Bar und liest Anna Karenina von Tolstoi. Tomas ist ein Weiberheld, vor dem alle Frauen aus mir unerklärlichen Gründen sofort ihre Kleider fallen lassen. Er sieht Teresa im Schwimmbad, verfolgt sie heimlich in die Bar, in der sie arbeitet, lenkt ihre Aufmerksamkeit auf sich, und als sie ihn endlich bemerkt, tut er so, als wäre er nicht an ihr interessiert. Er spielt ein Spiel mit ihr, dennoch verliebt sie sich in ihn, und ihre Liebe ist entschlossen, rein und kompromisslos.

Teresa reist ihm hinterher nach Prag, findet ihn und geht nicht mehr weg. Sie ist die erste Frau, die in seinem Bett schläft. Sie ist leidenschaftlich, sie gibt alles und hält nichts zurück. Er aber schläft ständig mit anderen Frauen, obwohl er sie liebt.

Es zerreißt ihr das Herz. Sie macht ihm keine Szenen oder erpresst ihn oder stellt ihn zu Rede. Sie zeigt ihm nur ihre Verzweiflung, ihre Verwundbarkeit.

Sie sagt nicht: »Hör auf, mit anderen Frauen zu schlafen.« Sie fleht ihn an: »Nimm mich mit, ich will die Frauen für dich vorbereiten, ich will sie baden und schmücken für dich, wenn du diese Frauen willst, wenn es so wichtig für dich ist, dann will ich das mit dir gemeinsam machen. Ich will alles für dich tun, nur lass mich nicht allein, das ertrage ich nicht.«

Nicht die Tatsache, dass er mit anderen Frauen schläft, ist für sie unerträglich, sondern dass es ihn von ihr trennt.

Der Film spielt 1968. Der Prager Frühling zwingt Tomas und Teresa dazu, Prag zu verlassen. Sie fliehen in die Schweiz. Dort heiraten sie, kaufen einen Hund und sind glücklich, bis sie bemerkt, dass er wieder andere Frauen trifft.

Eines Morgens verlässt sie ihn, nimmt den Hund mit und hinterlässt ihm einen Brief, in dem sie schreibt, wie leid es ihr tut, dass sie diesen Zustand nicht ertragen kann, dass sie seine Leichtigkeit des Seins nicht leben kann.

Daraufhin merkt er, wie sehr er sie liebt und wie wenig er ohne sie sein kann, und reist ihr hinterher nach Prag.

Das ist ein entscheidender Schritt, bei dem es kein Zurück gibt, da sie ihm bei der Einreise den Pass abnehmen.

Tomas findet Teresa in ihrer gemeinsamen Wohnung, und sie fallen sich in die Arme. Er kann seinen Beruf als Gehirnchirurg nicht mehr ausüben, bevor er sich nicht schriftlich von einem antikommunistischen Text distanziert, den er damals in einer Zeitung veröffentlicht hat. Er weigert sich, und Teresa unterstützt seine Entscheidung. Er geht Fensterputzen, und sie arbeitet wieder in einer Bar. Sie sind glücklich, weil sie sich wiederhaben.

Eines Tages riecht Teresa den Geruch einer anderen Frau an ihm. Sie schreit wie ein verwundetes Tier.

Sie versucht zu verstehen, wie Sex ohne Liebe möglich ist, und verführt einen Gast aus ihrer Bar. Er wohnt in einem heruntergekommenen Apartmentblock in einer schäbigen Wohnung. Es ist ein brutaler, liebloser Akt, den sie angewidert über sich ergehen lässt. Später erfährt sie, dass dieser Mann mit einer Kamera gefilmt wurde, um Tomas zu erpressen.

Teresa und Tomas fliehen aufs Land zu einem Freund und leben dort ein einfaches Bauernleben. Sie kocht und erntet, er schneidet Hopfen, und Hand in Hand laufen sie über die Felder bei untergehender Sonne. Sie haben nur sich und die Natur und sind glücklich. Tomas sagt, er sei noch nie so glücklich gewesen in seinem Leben. Auf dem Höhepunkt ihres Glücks, nach einer durchtanzten Nacht in einer Bauernschenke, verunglücken sie tödlich mit dem Auto.

Ein anderes Ende wäre nicht denkbar, denn so ein einfaches Glück ist auf Dauer wahrscheinlich gar nicht auszuhalten.

Ebenso wenig wie Adam und Eva im Paradies verweilen konnten.

Juliette Binoche ist noch sehr jung in diesem Film. Ihre Haut ist weiß, ihre Wangen gerötet, ihre braunen Augen ernst und traurig. Sie ist die Personifizierung von Liebe.

Teresa liebt Tomas bedingungslos. Sie stellt ihn nie in Frage. Sie liebt ihn, so wie er ist. Sie droht ihm nicht, sie versucht ihn nicht zu ändern, sie liebt ihn einfach, und als es ihr zu viel wird, verlässt sie ihn, um an ihrer Liebe nicht zu zerbrechen.

Allein ihre Liebe bringt ihn dazu, sich zu ändern. Sie muss nicht an ihm ziehen und zerren. Die Liebe arbeitet für sie.

Nach und nach begreift er die Größe und das Glück, die in der Liebe liegen. Man kann kein Arschloch bleiben, wenn man so rein und tief geliebt wird. Teresa gelingt es, ihn nur durch ihre Liebe, die sein Herz bewegt, zu verändern.

Was ich verstanden habe, ist, dass die größte Gefahr für die Liebe nicht der Betrug ist, sondern die Einsamkeit. Man kann alles überstehen, solange man es gemeinsam tut.

Wenn man sich in jemand anderen verliebt, geht man zu seinem Mann oder seiner Frau und sagt: »Hilf mir, ich habe mich verliebt. Ich wollte es nicht, aber es ist passiert, was können wir tun, um unsere Liebe zu retten?«

Wenn ich nicht mehr genug Liebe für meinen Mann fühle, gehe ich zu ihm und sage: »Hilf mir, es fällt mir schwer, dich zu lieben.«

Natürlich sagt man das nicht, weil der andere dann durchdrehen, einen sofort verlassen oder für immer Vorwürfe machen könnte. Deshalb trägt man dieses Geheimnis mit sich herum, und weil man es nicht teilt, wächst es und treibt einen immer weiter auseinander.

Der Mann meiner Freundin verließ sie über Nacht. Sie haben drei Kinder, eine glückliche Ehe, wie sie glaubte, mit den üblichen Schwierigkeiten. Und auf einmal war er weg.

Er hatte eine andere Frau kennengelernt, sich immer mehr von seiner eigenen Frau zurückgezogen und mit sich selbst ausgemacht, dass seine Ehe nicht das war, was er wollte, und dass er mit einer anderen Frau glücklicher sein konnte.

Er hat gar nicht erst versucht, mit ihr zu sprechen, um gemeinsam mit ihr die Liebe zu retten.

Sie wusste nichts von seinen Zweifeln und versteht es bis heute nicht.

Lee und Tom sind ein großartiges Paar, sie haben wunderbare Kinder, man merkt sofort, dass in dieser Familie alles stimmt. Neulich luden sie uns zum Essen ein und erzählten ihre Geschichte.

Als Lee herausfand, dass sie pleite waren, weil Tom Unmengen an Geld für Internet-Chatlines und anderes Pornozeugs verschleuderte, brach ihre Welt zusammen.

Lee sagte, nachdem Tom ihr alles gestanden hatte, beteten sie zusammen, und sie spürte plötzlich, dass sie nicht allein waren. »Es klingt verrückt«, erklärte sie, »aber wir beide fühlten wirklich die schützende Anwesenheit Gottes.«

Kurz darauf stand Tom auf und rannte aufs Klo, um sich zu übergeben. Er sagte, »auf einmal sah ich alles, was ich gemacht habe, mit den Augen Gottes, und es war nicht zu ertragen.«

Das ist, was Liebe vermag. Tom sagt, es hat ihn fast aufgefressen, dieses Geheimnis. Er hat sich so schuldig gefühlt und sich selbst gehasst, und das hat ihn noch weiter hineingeführt in seine Abhängigkeit. Es war für ihn ein so dunkles, grauenvolles Geheimnis, das er unmöglich jemandem anvertrauen konnte, zuletzt seiner Frau.

Heute, sagt er, sobald er in Versuchung gerät, ruft er seine Frau an, um mit ihr darüber zu sprechen, denn das ist der einzige Weg, seiner Sucht keinen Raum zu geben. Sofort Licht in die Dunkelheit zu bringen.

Lee sagte, Tom hatte es auch schwer mit ihr. Bevor sie ihn kennengelernt hatte, war sie in einen anderen Mann verliebt, der sie aber nicht heiraten wollte. Sie verglich Tom immer mit der ersten Liebe, und er musste mit dem Mann konkurrieren, der in ihrem Kopf war. Sie brauchte Jahre, bis sie das begriff.

Es hat mich beeindruckt, wie offen sie das sagte, während er neben ihr saß. In ihrer Ehe gab es keine Geheimnisse mehr. Keine schwarzen Löcher, die ihre Liebe zerfraßen. Was sie durchgestanden hatten, ist fast unmöglich, die meisten Ehen wären daran zerbrochen, aber ihre Liebe ist dadurch nur stärker geworden.

Zu Hause dachte ich darüber nach, dass ich Sven auch manchmal mit Männern verglich, die ich einmal geliebt hatte, und mir wünschte, in manchem wäre er wie sie. Das habe ich ihm nie gesagt, weil ich ihn nicht verletzen wollte und weil es mir selbst nicht bewusst war. Aber es steht zwischen uns. Wenn wir darüber sprechen, wird es zu einer gemeinsamen Angelegenheit.

Mir wurde klar, dass Zweifel, Angst, Betrug und alte Lieben kein Grund sind, sich zu trennen. Das ist etwas, womit wir alle irgendwann zu tun haben.

Es ist die Einsamkeit, die uns trennt und voneinander entfernt.

Es muss in der Liebe ein Vertrauensverhältnis geben, das alles erlaubt und alles verzeiht, es muss möglich sein, so ehrlich zueinander sein zu können, dass wir uns Dinge sagen, die den anderen möglicherweise verletzen, weil wir wissen, dass es viel gefährlicher ist, sie allein mit sich herumzutragen.

Wut

Ich erinnere mich noch wie heute, wie ich an einem heißen Sommertag in Bangkok um neun Uhr morgens ein Lieblingsbuch von Elke in der Küche zerhackte und es beschämt in eine Plastiktüte packte. Auf dem Weg zum Supermarkt warf ich es in eine Mülltonne auf der Soi Ekkamai. Gegenüber lächelte mir der Pfannkuchenmann an seinem Blechwagen zahnlückig zu. Eine Brise wehte, aber ich war schweißdurchnässt.

Es kommt mir heute noch vor wie ein Verbrechen. Kaum getan, tat sich ein Abgrund in meiner Seele auf.

Womit hatte es begonnen? Warum war es wieder Elkes Schuld, dass ich vor Wut nicht arbeiten konnte, während sie friedlich im zweiten Stock unseres bambusumstandenen Hauses im Bett lag und ein weiteres gutes Buch schrieb? Der Grund war ganz einfach. Elke war nicht, wie Elke hätte sein sollen: zärtlich, aufmerksam, meine Geliebte und Weggefährtin. Sie brachte mir nie Frühstück, sie verführte mich nicht in der Wäschekammer. Sie sagte nicht, dass ich gut aussah, wenn ich morgens aufstand, um die Kinder zu wecken und zur Schule zu bringen. Sie ließ mich allein. Ich war ihr egal. So sah ich es und war nicht bereit, es zu dulden. Nur, was sollte ich tun?

Die Einsamkeit und meine Wut darüber begannen immer mit einer Kleinigkeit. Ich wollte sie küssen vor dem Aufstehen, sie hatte Kopfweh von dem Abend zuvor. Ich wollte, dass sie meine Idee zu einem neuen Buch gut fand, sie äußerte Bedenken. Vielleicht etwas launisch, aber völlig harmlos. Dennoch Grund genug für meinen Ärger, für meine Wut.

Wut ist das Symptom einer diffusen Ohnmacht, der Angst vor dem Scheitern. Ich gerate schnell in Rage. Plötzlich kracht eine Faust durch die solide Schlafzimmertür, die Frau ist in Panik, die Ehe geht den Bach hinunter.

Ich habe diese Geschichten oft gehört und selbst erlebt. Mein Stiefvater war so ein Wüterich, der ausflippte, wenn er etwas nicht bekam, auch wenn er nicht sagen konnte, was er wollte. Er hämmerte brüllend auf alles ein, man konnte ihn nicht stoppen. Kaum hatte er etwas angestellt, bekam er ein schlechtes Gewissen. Und ich war genauso wie er.

Ich saß an unserem knallfarbenen iMac, während unsere wunderbare Haushaltshilfe Kuhn Sawai das Hackmesser wegräumte und die Papierspuren und die Fingerabdrücke vom Tatort beseitigte. Ihr Exmann trank und neigte zu Gewaltausbrüchen. Und da saß ich und war keinen Deut besser.

Hatte ich irgendeinen Hinweis im Buch vergessen, der die Polizei auf die Spur zu uns führen konnte? Elke durfte es nie herausfinden. Lieber wollte ich mich auspeitschen lassen oder die thailändische Polizei mit ihren steif gebügelten Uniformen im Haus haben.

Ich stellte mir vor, wie Elke, neugierig geworden vom Lärm, aus ihrem Zimmer kommen würde und wie ich mit amüsierter Miene erzählen würde, dass jemand ein Buch von ihr zerfetzt in einer Mülltonne gefunden hätte. »Mensch Elke«, würde ich sagen, »du glaubst gar nicht, auf was für Ideen manche Leute kommen.«

Aber nichts dergleichen geschah. Es war ein weiterer Tag in Bangkok, an dem exotische Vögel in den Baumwipfeln zwitscherten und die Hunde der Nachbarn auf der Suche nach Liebe und jemandem, der sie streichelt, um unser Haus schlichen.

Ich war auch ein Hund. Ich legte meinen Kopf zur Seite und erwartete, dass Elke verstand, was ich wollte. Und Elke spürte das. Sie wusste, irgendetwas stimmte nicht. Sie wusste, dass unsere Liebe schlingerte nach den wilden Anfängen, nach dem Wahnsinnsstart und den phantastischen Kindern. Obwohl wir unseren Traum erfüllt hatten, als Familie und als Schriftsteller in Thailand zu leben, und nichts unser Glück hätte toppen können, wusste sie, dass eine gefährliche Einsamkeit zwischen uns wuchs.

Aber genauso wenig wie ich wusste sie, woran es lag. Im Gegensatz zu mir jedoch wurde sie nicht wütend. Sie hatte Geduld.

An jenem Morgen, als Elkes Lieblingsbuch meiner Wut zum Opfer fiel, kam sie nicht aus ihrem Zimmer, um nachzusehen, warum jemand laut um sieben Uhr morgens mit dem Hackmesser in der Küche klopft, und sie kam auch nicht, obwohl es so außergewöhnlich ruhig im Haus war.

Wenn die Kinder zu still sind, werden wir sofort hellhörig. Stille in einem Familienhaushalt ist immer verdächtig. Sie kam nicht die Treppe herunter, um nach den Kindern zu sehen, die Unheil ahnend nebenan ungewöhnlich leise mit ihrem Lego spielten. Oder um mir den Nacken zu massieren und mir einen Kaffee zu bringen angesichts der dramatischen emotionalen Lage. Vor allem kam sie nicht zu mir, um mir zu verzeihen! Und das machte mich wieder sehr wütend.

Ich wusste an diesem Tag keinen Rat. Noch schlimmer, ich wusste von meiner eigenen Familie ganz genau, wie furchtbar wütende Männer sind. Ich war ein Opfer, kein Täter.

Ich war mächtig aufgebracht, ich rauchte, ich war einsam. Aber Elke kam nicht herunter. Sie schrieb unbeirrt unter dem Rascheln des Bambus an ihrem Buch weiter, der seine Blätter an den Mückennetzen vor den Fenstern rieb.

Auch Elke war ratlos und unglücklich, aber sie war tapfer mit einem Mann wie mir.

Unsere Liebe, unsere Ehe, war nicht schlecht, im Gegenteil, sie war hervorragend. Es gab immer Paare, Freunde, die uns dafür bewunderten. Wir waren zusammen, wir bestärkten uns gegenseitig, wir vertrauten uns, wir waren Freunde, aber hinter uns lagen zertrümmerte Stühle, zerbeulte Topfdeckel, zerfetzte Spieluhren der Kinder und eine Bierflasche, die die Frechheit besessen hatte, auf dem Boden zu zerspringen, als ich sie sehr, sehr durstig öffnen wollte.

In jener Nacht bekam ich meine erste Vollnarkose im Bumrungrat-Krankenhaus. Ich war vor Wut in die Scherben getreten.

Elke behauptete damals oft, ich würde gerne lügen. Es kam mir anmaßend vor, und wir stritten uns sofort deswegen. Bei der Bierflasche hatte ich noch versucht, ihr zu erklären, wie ich im Moment der Überraschung ganz unschuldig nach vorne in die Scherben trat. Bei dem Buch wäre mir sicherlich eine noch abenteuerlichere Geschichte eingefallen. Vielleicht, dass es aus dem Regal gefallen, aufgehoben und dann aus Versehen als Hackbrett verwendet worden war.

Elke kannte mich besser. Das machte mich wütend. Elke ist mit einer jüngeren Schwester aufgewachsen, sie beherrscht den Ton der freundlichen Zurechtweisung. Und Elke weiß, wie man richtig und herzlich streitet und danach über sich lacht. Ich bin allein aufgewachsen.

Meine Mutter erzählte mir einmal, wie ich als dickes Kind stumm und zornig meine Wände mit Wachsmalkreiden bemalt habe. Ich grolle, und ich grolle gerne, als wäre es eine besonders männliche Eigenschaft, eine Wucht, etwas Massives, das ein Mann wie ich braucht, um sich durch das Dickicht des Lebens zu kämpfen.

Obwohl ich nicht streiten kann und nicht gerne streite, beginne ich, geladen wie ich bin, oft einen Streit. Ich streite, weil ich Liebe, Anerkennung und Aufmerksamkeit will.

Streit ist ein Aufeinanderprallen von Emotionen. Das war es, was ich wollte: Zorn, Krach, Lärm, Tränen, Umarmungen, Liebe.

Auch als ich einen Streit im Bett anfing, weil sich Elke mir nicht fügte, suchte ich nach Aufmerksamkeit und Liebe. Ich stritt mit ihr, weil sie nicht genau das wollte, was ich wollte, und weil sie nicht genau das tat, was ich getan hätte – sie gestreichelt, umarmt, ein Kompliment geflüstert, geseufzt vor Liebe, die so gewaltig, so romantisch groß ist, dass es kaum auszuhalten ist. Und sie? Sie wollte lieber einen Traum aufschreiben, in dem sie mit Tracey Emin oder Madonna oder sogar beiden auf Eseln durch Lanzarote ritt.

Die Wahrheit ist, wenn ich tatsächlich so eine Frau gewollt hätte, wie ich sie mir zu jenem Zeitpunkt wünschte, dann hätte ich Elke nie kennengelernt. Eine romantische, immer zärtliche, nie allein sein wollende Frau hätte mich vermutlich binnen zwei Wochen zum Wahnsinn getrieben. Dann wäre ich wohl morgens im Bett liegen geblieben, um Träume aufzuschreiben, während sie unten am Küchentisch saß und sich vor lauter Verzweiflung die Haare ausriss.

Elke hatte Recht, wie so oft. Ich log viel. Wenn man den Deckel des neuen und teuren Edelstahltopfs an die Wand schmettert, muss man eine gute Geschichte parat haben, die zum einen das Loch im Putz und zum anderen die Delle im Deckel erklärt. Man muss auch schlüssig erklären können, warum die Schnur der Spielzeuguhr über dem Bett des zweijährigen Sohnes abgerissen ist, ohne dass andere verdächtigt werden außer dem eigenen Sohn, der eben sehr kräftig ist.

Ich hielt eine gute Lüge immer für ein Übermaß an kreativer Energie, so wie man als Schüler zu Notlügen greift, um den Hausfrieden zu retten. Lügen, die Gutes tun. Und war nicht Romane schreiben, unser Beruf, auch eine Form der Lüge, eine Fiktion? In unserer schwierigen Zeit log ich gerne, weil es mir Spaß machte. Ich fühlte mich einsam und verraten, und es passte mir nicht, Elke auch noch Recht geben zu müssen, da sie es doch war, die mich vernachlässigt und verraten hatte.

Schlimmer als die Wut ist die Ohnmacht. Schlimmer als die Wut ist die Erkenntnis, wie lächerlich die Wut ist. Das steigert die Wut.

Es geht immer um Liebe. Wir verlangen von der Welt wie von der Liebe, dass sie sich unseren Vorstellungen beugt. Und daran scheitern wir.

Gute Freunde von uns, Menschen, die wir für ihren Rat und ihre Klugheit schätzen, streiten sich jeden Tag. Mehrmals. Alle wissen davon, weil sie sich gerne vor anderen streiten, so verzweifelt sind sie, Recht zu bekommen. Man kann förmlich riechen, wie sehr sie sich nach der Liebe des anderen verzehren, und doch beginnen sie in den friedlichsten Momenten einen Streit. Der eine provoziert, der andere reagiert. Sie halten es kaum aus, sich nicht zu zanken.

Beide sind großzügige Menschen. Sie überhäufen uns und andere mit Geschenken und Liebesdiensten, mehr als andere Freunde es tun. Aber zu sich selbst sind sie kleinlich und geizig und rechnen jede gute und schlechte Tat auf.

Ihr Kampf geht um Sex, Zuneigung, Aufmerksamkeit und Anerkennung. Da keiner mehr geben will als der andere, werfen sie sich die lächerlichsten Dinge vor: dass er den Zucker in ihrem Tee vergessen oder sie sein Lieblings-T-Shirt nicht gewaschen hat, die Sonne schien oder die Arbeit zu viel war. So wie ich Elke einmal böse dafür war, dass sie im Bett laut einen Apfel aß.

Unsere stetig streitenden Freunde haben mir klargemacht, dass man Liebe nicht erwarten kann. Wie oft habe ich etwas Nettes getan, Elke überrascht, und sie hat es mir nicht SO-

FORT gedankt, sie hat mich auch nicht SOFORT zurücküberrascht, außerdem gab sie mir VIEL WENIGER Liebe als ich ihr.

Wie viel schöner wäre es, wir würden uns nicht im Krieg, sondern im Lieben messen, was um einiges schwieriger ist. Ich sollte Elke ÜBERSCHÜTTEN mit Liebe und Geschenken.

Ich habe mal von einem polynesischen Eiland gelesen, auf dem derjenige höher angesehen ist, der mehr schenkt. Im Wettstreit verschulden sich die Schenker, nur um den anderen zu übertreffen. Aber am Ende hat jeder mehr als genug.

In jenen Jahren in Bangkok lernte ich, keine Stühle mehr zu zertreten, keine Lampen zu zerschlagen, keine Eisenstäbe zu verbiegen, keine Laptops an die Wand zu pfeffern und keine Frösche zu zertreten. Aus dem einfachen Grund, weil es zu nichts führte. Weil es asozial war und elend. Und weil die Thais so freundlich sind. Es gibt nichts Peinlicheres für sie, als jemand laut und wütend werden zu sehen.

Aber warum konnte Elke mich nicht so lieben, wie ich sie liebte? Warum überraschte sie mich nicht mit einem Frühstück, einem Tête-à-tête in einem kleinen Hotel am Chao Phraya? Warum massierte sie mir nicht den Nacken, während ich wichtige E-Mails schrieb? Warum stand sie nicht sexy oben am Balkon, wenn ich athletisch vom einsamen Schwimmen zurückkam? Warum hielt sie mich nicht von der Arbeit ab, verkleidete sich als Geisha oder Rote-Armee-Kommissarin? Warum sang sie nicht ein Lied, machte

Handstand, was auch immer ihre unendliche Liebe und Ergebenheit für mich zum Ausdruck brachte?

Sie tat nichts dergleichen, nichts von dem, was ich mit ihr gemacht hätte. Hätte! Sie war dran, etwas für uns, etwas für mich zu tun. Aber wusste sie das? Wusste sie, dass meine Energie, sie anzuführen, sie mitzureißen, dass diese Energie angesichts der Routine und ihrer Apathie versiegte?

Nach ihrem ersten Tee oben in ihrem Zimmer fragte Elke sich wahrscheinlich: Warum kann er mich nicht mit einem kleinen Hotelzimmer am Chao Phraya überraschen, in Boxershorts vor mir auf und ab gehen oder Liegestütze machen? Warum lädt er mich nicht auf eine Woche Paris ein ohne die Kinder? Warum kann er mich nicht einfach lieben, so wie ich ihn liebe, und mir etwas Nettes sagen, ohne in der Hitze an mir herumzumachen? Warum kann er nicht guten Morgen sagen, wenn ich die Treppe herunterkomme?

Fragen, wie sie sich wohl alle Liebenden leise stellen, ohne sie je auszusprechen. Denn die Liebe, heißt es, kommt auch ohne Worte aus. Was für ein Irrtum.

»Was machst du?«, fragte ich eines Morgens, nachdem ich Elke wieder unten vermisst und beinahe das Telefon aus der Wand gerissen hatte.

»Ich schreibe.« Elke sah auf. »Sven, was ich dir schon seit Tagen sagen will: Ohne dich könnte ich nicht schreiben, hätte ich nie schreiben können.«

»Wirklich? ... Ich dachte, du schreibst für Ruhm, Ehre und Geld, so wie ich. Und weil es dir Spaß macht?«

»Ja, auch, aber ohne dich könnte ich das nicht. Weil du

mir die Zeit und die Ruhe dazu gibst. Du gehst nach unten und hältst mir die Welt vom Leib, damit ich arbeiten kann.«

»Oh«, antwortete ich ehrlich. »Willst du noch einen Tee?«

»Gerne.«

»Wenn ich zurückkomme, massiere ich dir den Nacken«, schlug ich ihr vor.

»Mmmh. Den Rücken auch?«

»Ja!«

Ich sprang die Treppen runter und kochte Wasser. Und während der Kessel langsam zu singen anfing, begriff ich, dass ich die Dinge immer nur von unten gesehen hatte. Und nie von oben wie Elke.

Führung

Vor einigen Jahren veränderte sich etwas zwischen uns, ganz subtil.

Ich weiß genau den Tag, an dem ich es bemerkte. Wir waren in Chiang Mai, einer Stadt in Nordthailand unterwegs. Jeder auf einem Moped. Die Kinder fuhren bei Sven mit, und ich fuhr allein hinter ihnen her. Sven war immer derjenige gewesen, der den Orientierungssinn hatte. Er wusste, wo es langging, und ich folgte ihm. Ich machte mir nicht einmal die Mühe, mir Wege einzuprägen, ich folgte ihm einfach blind. So fuhr ich auch an diesem Tag hinter ihm her, durch die fremde Stadt, und plötzlich hatte ich ihn verloren. Er musste an einer Straßenkreuzung abgebogen sein, ohne auf mich zu warten.

Ich war außer mir. Ich hatte keine Ahnung, wo ich war, keine Ahnung, wie ich jemals wieder in unser Hotel zurückfinden sollte. Ich konnte es nicht fassen, dass er ohne mich davongefahren war, dass er mich mitten in der Fremde allein gelassen hatte, wissend, wie hilflos ich ohne ihn war.

Ich wurde unfassbar wütend. Ich fuhr zurück zu der Stelle, wo ich ihn verloren hatte, und wartete, dass er zurückkam, um mich zu suchen, aber er kam nicht.

Irgendwann fuhr ich einfach los. Ich folgte der großen

Straße, fuhr den Stadtring entlang, bog ab und war in der Straße, in der unser Hotel lag. Gott musste mich geführt haben, es gibt keine andere Erklärung. Es war ein Wunder, dass ich zurückgefunden hatte. Auf dem Parkplatz vor dem Hotel stand Sven mit den Kindern und konnte meinen Zorn nicht verstehen. Er sagte: »Was regst du dich so auf, du hast doch zurückgefunden.«

Von diesem Tag an folgte ich ihm nicht mehr blind. Ich achtete auf den Weg, weil ich mich auf seine Führung nicht verlassen konnte.

Zwei Jahre später waren wir in Venedig und hatten uns in den Gassen verlaufen. Sven hatte die Orientierung verloren, und ich brachte uns zurück auf den Weg. Ein lächerlicher Vorfall, ich konnte mich ausnahmsweise besser orientieren als er, aber für mich war das kein Zufall, sondern ein bedeutungsschwerer Vorfall, der eine schleichende Orientierungslosigkeit bestätigte, die sich seit Jahren entwickelt hatte. Unsere Liebe hatte die Richtung verloren.

Es ist vorbei, dachte ich, Sven kann mich nicht mehr führen. Ich kann mich nicht mehr auf ihn verlassen. Ich will uns nicht führen müssen, aber wenn er seinen Orientierungssinn an mich abgegeben hat, dann muss ich diese Aufgabe jetzt übernehmen, und das machte mich traurig.

Ich wusste nicht genau, was es bedeutete, ich war mir nicht einmal sicher, ob das irgendeinen Sinn machte, schließlich ging es nur darum, sich in der Fremde zurechtzufinden, aber ich hatte den Eindruck, dass es mit uns bergab ging.

Die Magie war verschwunden, die uns auf dem richtigen Weg hielt, besser kann ich es nicht beschreiben.

Diese beiden Erinnerungen haben sich tief eingeprägt als Momente, an denen ich begriff, etwas läuft falsch.

Am Anfang unserer Liebe waren wir unbesiegbar. Alles, was wir gemeinsam unternahmen, gelang uns. Wir machten Pläne, an deren Durchsetzung ich kaum zu glauben wagte, aber Sven hielt nichts für unmöglich. Er trieb mich an und ging voran. Er hatte mehr Kraft, mehr Optimismus und mehr Feuer als ich.

Heute verstehe ich, was damals passiert war. Sven hatte die Führung abgegeben. Ich entwickelte zwar einen besseren Orientierungssinn, aber ich bin zu schwach, uns zu führen. Ich will es auch gar nicht. Man kann nicht ohne Führung durchs Leben laufen.

Ich erinnere mich, wie ich einmal einen guten Freund in Hamburg besuchte. Wir liefen gemeinsam durch die Stadt und redeten die ganze Zeit, und keiner achtete darauf, wo wir hinliefen, und irgendwann hielten wir an und sahen uns um und wussten beide nicht mehr, wo wir waren.

Ich fragte ihn: »Wo wolltest du hin?«

Und er sagte: »Ich weiß nicht, wo wolltest du hin?«

Es stellte sich heraus, dass wir uns gegenseitig gefolgt waren, ohne dass einer von uns die Führung übernommen hatte.

Das passiert in der Liebe auch manchmal. Und dann wundert man sich, dass man sich total verrannt hat.

Gestern Abend sah ich *The Amazing Race* im Fernsehen. Das ist eine Show, bei der mehrere Gruppen, Paare, Freunde oder Familien um die halbe Welt reisen, Orte finden und

Aufgaben bewältigen müssen, und wer zuerst am Ziel ankommt, hat gewonnen.

Ein junger Mann fuhr das Auto, während ein anderer die Karte las und dem Fahrer sagte, wohin er fahren musste. Der Autofahrer brachte sich und seinen Beifahrer zwar voran, aber ohne den Kartenleser kam er nicht ans Ziel. Manchmal glaubte der Autofahrer dem Kartenleser nicht und fuhr in die andere Richtung. Das war nicht gut. Manchmal verlas sich der Kartenleser auch, und der Autofahrer beschimpfte ihn. Auch das brachte die beiden nicht weiter.

Um als Team zu funktionieren, muss es eine Rollenverteilung geben, an die sich jeder hält und in der man sich vertraut. In der Ehe ist es genauso.

Wenn es keine eindeutige Rollenverteilung gibt, ist das verwirrend, weil keiner weiß, was seine Aufgabe ist und woran er sich halten muss. Einer muss die Führung übernehmen, und der andere muss folgen.

Ich habe lange nicht begriffen und auch nicht zugegeben, dass ich geführt werden will. Ich mag es, wenn Männer Entscheidungen treffen. Ich will, dass mein Mann mit einer Machete vor mir herläuft und mir den Weg freilegt. Ich bin in dieser Hinsicht konservativ. Ich finde starke, entscheidungsfreudige Männer sexy.

Die Liebe ist wie ein Tanz. Beim Tanzen führt der Mann, und die Frau folgt. Sie kann nur folgen, wenn sie gut geführt wird. Kann der Mann nicht führen, kann sie noch so gut tanzen, sie werden nichts zustande bringen.

Das Gleiche, wenn sich die Frau nicht führen lässt. Es gehört ein gegenseitiges Einverständnis dazu. Führen und sich führen lassen. Beides sind ebenbürtige Stärken.

Unser Freund Axel ist ein hervorragender Tänzer. Alle Frauen lieben es, mit ihm zu tanzen, weil sie sich seiner Führung hingeben können. Selbst Frauen, die nicht tanzen können, bringt er zum Tanzen. Es ist ein großes Vergnügen, man kann sich ihm völlig anvertrauen, er weiß, was er tut, und man muss ihm nur folgen.

In dem Film *Take the Lead* geht ein südamerikanischer Tanzlehrer zu unterprivilegierten Schulen in der Bronx und bietet Unterricht in klassischem Paartanz an.

Seine Philosophie ist, dass man Jugendlichen keine bessere Erziehung fürs Leben geben kann, als ihnen Tanzen beizubringen. Im Tanz lernen sie Disziplin, Haltung, Respekt und Kooperation. Er erklärt den jungen Männern, was es heißt, eine Frau zu führen, wie man sie behandeln muss, um sie zu führen, dass man seinen Weg nicht erzwingen kann, dass man nur erfolgreich führen kann, wenn die Frau sich führen lässt.

Das Führen lassen muss ich lernen. Ich kann mich nicht beschweren, nicht geführt zu werden, wenn ich immer vornweglaufe und einen anderen Weg gehe. Ich kann mich nicht führen lassen, wenn ich denke, nur mein Weg sei der einzig richtige.

»Führen« heißt nicht über den anderen bestimmen, sondern sich gegenseitig vertrauen und das Beste im anderen hervorbringen. Für mich bedeutet das, Sven zu vertrauen und an ihn zu glauben. Ihn zu verstehen, zu respektieren und in seiner Führung zu unterstützen.

Ein großartiger Film zu diesem Thema ist *African Queen*. Der Klassiker von John Huston mit Humphrey Bogart und Katharine Hepburn, die in einem Boot einen gefährlichen Fluss hinunterfahren.

Katharine Hepburn, Rose, ist die Schwester eines britischen Pastors in einem kleinen Dorf in Deutsch-Ostafrika. Humphrey Bogart, Charlie, ist ein suffköpfiger Kapitän auf einem rostigen Boot, das Post und Lebensmittel transportiert. Bei einem Aufstand wird das Dschungeldorf, in dem sie leben, zerstört und der Pastor getötet. Rose ist nun ganz allein und muss mit Charlie auf seinem Boot vor den Deutschen fliehen. Der einzige Weg ist, den Fluss hinunterzufahren. Charlie weigert sich, er sagt, das sei zu gefährlich, unmöglich, kein Mensch hätte diese Fahrt bisher gewagt. Doch Rose sagt, nichts ist unmöglich, und gemeinsam beginnt eine abenteuerliche Fahrt. Rose lernt zu steuern, und Charlie hält den klapprigen Motor am Laufen. Jeder muss dem anderen vertrauen und seinen ganzen Einsatz geben für das Gelingen dieser Fahrt. Natürlich verlieben sie sich während dieser Fahrt ineinander und werden ein Paar.

Am meisten beeindruckt hat mich, wie sanft und bestimmt Rose Charlie verändert. Sie kritisiert ihn nicht. Sie setzt sich durch, diese Fahrt zu wagen, aber ab da überlässt sie ihm die Führung. Zwar schüttet sie seine Ginflaschen ins Wasser, aber sie sagt ihm nie, was er zu tun hat. Vielmehr lenkt sie ihn geschickt mit Fragen auf den richtigen Weg, so dass es immer scheint, als wäre er von selbst auf die Lösung gekommen.

Sie verhilft ihm zu einer Stärke, die er allein nicht gehabt hätte. Sie ist entschlossener, sie ist klüger und mutiger als er, aber sie dominiert ihn nicht, sondern bringt ihn dazu, über sich selbst hinauszuwachsen.

Rose ist mein großes Vorbild einer liebenden Frau. Ihre Liebe, Sanftheit und Klugheit macht aus dem suffköpfigen Kapitän einen Helden. Sie muss ihm nicht beweisen, dass sie schlauer ist als er, sie weiß es und beweist echte Größe, indem sie sich zurücknimmt und ihn anleitet.

Als die Schiffsschraube bricht, will er aufgeben. Er erklärt ihr ausführlich, warum dies das Ende ihrer Reise bedeutet. Rose hört ihm aufmerksam zu und setzt alle seine Argumente mit einfachen Fragen außer Kraft. Sie fragt behutsam, ob er nicht ein neues Blatt schmieden könne. Er antwortet ihr: »Ja, wenn man Feuer hätte.«

Sie sagt: »Die Massai machen Feuer in einem Stein, es liegt genug Holz herum.«

Er sagt: »Ja, und dann binden wir das neue Blatt fest, oder was?«

Sie sagt: »Wäre es nicht besser, es anzuschweißen? Ist schweißen das richtige Wort?«

Sie hilft ihm, unter Wasser die Schraube abzubauen, und facht das Feuer an, während er schmiedet. Sie hilft ihm, wo sie kann, und schließlich läuft das Boot wieder.

Was für ihn von Anfang an unmöglich schien, gelingt durch seine Kraft, sein Geschick und ihre Anleitung.

»Schau, was du kannst«, sagt sie zu ihm, und er wächst unter ihrer Bewunderung.

Er sagt: »Ohne deine Hilfe hätte ich das nie geschafft.«

Rose macht Charlie zum Helden, indem sie an ihn glaubt. Durch ihre Liebe wächst er über sich selbst hinaus.

Man kann nicht unterschiedlicher sein als die beiden. Leicht hätten sie sich von Anfang an streiten und kritisieren können und sich gegenseitig die Schuld zuschieben und wären nirgendwo hingekommen. Aber da sie ihre Stärken zusammenlegen und sich ergänzen, jeder seinen Platz in diesem Boot einnimmt und dem anderen ganz und gar in seinen Aufgaben vertraut und ihm zur Hilfe kommt, wenn er ihnen nicht gewachsen ist, gelingt ihnen das scheinbar Unmögliche.

Neulich sahen wir zusammen den Film *Faith like Potatoes*. Das ist die Geschichte eines Farmers, der aus politischen Gründen seine Farm in Sambia verlässt und mit Frau und Kindern nach Südafrika flieht. Dort haben sie nichts, außer einem Stück Land. Er arbeitet sich fast tot, ist cholerisch, rastlos und dauerhaft unglücklich. Bis er eines Tages sein Leben Jesus übergibt und ein tiefgläubiger Mann wird. Der Glaube bewirkt Wunder in seinem Leben. Er betet Regen herbei, der in der Trockenzeit sein Land vor dem Buschfeuer rettet, er bringt eine Tote wieder zum Leben, und er pflanzt gegen alle Warnungen Kartoffeln, die trotz der Trockenzeit die beste Ernte, die es jemals gab, bringen. Der Farmer wird ein Prediger, der in einem gelben Jesus-Mobil durch Afrika fährt und Waisenhäuser auf seiner Farm errichtet.

Sven sagte am Ende des Films: »Der Mann hat wirklich unglaubliche Dinge vollbracht, aber seine Frau hat die entscheidenden Schritte in die Wege geleitet. Sie hat ihn dazu bewegt, ihre Farm in Sambia zu verlassen, sie hat seiner Farm den fast schon prophetischen Namen Schalom gegeben (es ist ein Zuhause für hundertachtzig Waisenkinder geworden), und als er am Ende seiner körperlichen und nervlichen Kräfte war, hat sie ihn in die Kirche gebracht, wo er gerettet wurde.«

Ich sagte zu Sven: »Ich will geführt werden, Schatz. Ich brauche Autorität und klare Strukturen, an die ich mich halten kann.«

Er sah mich ganz erstaunt an und sagte: »Das wusste ich nicht. Du willst doch immer alles bestimmen.«

Ich sagte: »Ja, wenn du mich lässt. Ich bin faul, ich bin dominant, ich brauche eine strenge Hand, damit ich nicht außer Kontrolle gerate.«

Er sagte: »Du willst, dass ich über dich bestimme?«

Ich antwortete: »Nein, das ist keine Machtübergabe, sondern eine Aufgabenverteilung. Du führst, und ich lasse mich führen.«

Geheimnisse

Meine Tochter schneidet gerne aus Magazinen Popstars aus, Witze, Ideen, Muster. Ihr Zimmer ist übersät mit Schnipseln. Als wir eines Tages gemeinsam ihr Zimmer aufräumten, las ich in einer ihrer Zeitschriften, wie wichtig kleine Geheimnisse im Leben angeblich sind:

Susanne macht Yoga nur in den T-Shirts ihres Exfreundes. Ihr Mann weiß das nicht und soll es auch nicht erfahren. Rebecca gesteht, dass sie mit fast allen ihren männlichen Freunden geschlafen hat, wovon ihr Freund keine Ahnung hat. Marianne gönnt sich ab und zu einen Milchshake, obwohl ihr Freund ihr zuliebe ihre Diät mitmacht.

Meine Tochter wollte wissen, warum ich lache. Ich knüllte die Seite zusammen und warf sie weg. »Nur so«, sagte ich knapp, so wie sie es oft tut.

Ich lachte, weil unsere ganze Familie eben eine ungewöhnliche Woche der Geheimnisse hinter sich hatte. Heimlichkeiten mit einem unangenehmen Ausgang, denn das ist ihr Schicksal: In der Liebe kommen alle ans Licht.

Auch meine Tochter hat Geheimnisse vor mir. Neulich erzählte mir die Mutter ihrer Freundin, wie meine Tochter weinend eine SMS von einem Jungen aus der Schule las. Ich war entsetzt. Seit Wochen, stellte sich heraus, schickte er ihr Liebesbotschaften per SMS. Sie ist zehn, er ist dreizehn und sieht aus wie sechzehn. Meine Tochter wusste nicht, wie sie mit seinen Annäherungsversuchen umgehen sollte. Noch schlimmer, sie kam mit ihren Sorgen nicht zu mir und auch nicht zu Elke.

»Hast du irgendwas, was du mir erzählen willst?«, fragte ich sie. Sie konzentrierte sich darauf, Pink mit ausgestreckter Zunge auszuschneiden.

»Nein.«

»Schule, Telefon, Freunde«, versuchte ich ihr auf die Sprünge zu helfen. »Irgendetwas, Sorgen, Probleme?«

»Nein, wieso fragst du?«

»Kann ich mal dein Handy sehen?«

»Nein!« Sie riss es mir aus der Hand und stopfte es an der Wand unter die Matratze.

Sollte ich nicht der Erste sein, der alles erfährt? Dachte meine Tochter, dass Geheimnisse gut sind? Glaubte sie daran, was in den Zeitschriften über das Leben behauptet wurde? Las sie diese Zeitschriften und bastelte nicht nur damit, wie sie beteuerte?

»Liest du, was da für ein Müll steht?«

»Nö?« Sie nahm ein anderes Blatt, das ich ihr sofort aus den Händen riss und hinters Bett warf.

Wir leben in einer verwirrenden Welt. Was Magazine angeht. Letztes Jahr noch wurde im gleichen Heft der Seitensprung für gut erachtet, dieses Jahr geht der Trend eher zur erotischen Phantasie, die Affäre ist out. Und nächstes Jahr? Ist Ehrlichkeit wieder angesagt? Treue? Models unter vierzehn?

Geheimnisse gelten heute als lässliche Sünde, ein kleines hier, ein kleines da, das macht den Alltag spannender. Dabei ist Ehrlichkeit das wirklich Aufregende.

Vor ein paar Tagen hatte ich eins. Ein Geheimnis. Ich merkte es nicht einmal. Ich log nicht wirklich. Ich verheimlichte Elke nur, dass ich ab und zu beim Spazierengehen eine Zigarette rauche, obwohl ich mit dem Rauchen aufgehört hatte. Zu ihrer Überraschung.

Sie muss es ja nicht erfahren, dachte ich. Das ist mein Problem. Meine Freude. Mein Spaß.

In Woody Allens *Match Point* kommt der Held sogar mit dem Mord an seiner Geliebten ungesühnt davon. Sie wurde ihm zu viel, zu fordernd. Die eher freundschaftliche Liebe zu der Industriellentochter wird gerettet durch den Mord an der sexy, aber aufreibenden Geliebten, die er seinem Schwager ausgespannt hat. Er entkommt der Bedeutungslosigkeit als Extennisstar, wird am Ende Vater und blickt zufrieden aus seinem verglasten Apartment über die Dächer Londons.

So gegen jede Wahrscheinlichkeit rebellierend wie Woody Allen stand ich am Felsen zwischen den Konfettibüschen, unten in der Bucht ein Wal, dahinter, sanft gezeichnet, die Berge, und rauchte meine erste Nichtraucherzigarette des Tages. Meine seitdem-ich-aufgehört-habe fünfte Testzigarette, die ganz passabel schmeckte dafür, dass ich eigentlich nicht mehr rauchte.

Vor einem Monat hörte ich auf einer Reise in die Berge Lesothos plötzlich auf. Als ich zurückkam, saß ich nicht mehr qualmend auf der Bank unter dem Baum in unserem Garten beim Schreiben. Ich steckte mir nicht jede Minute eine an vor Aufregung, Euphorie und lauter Schaffensdrang.

Nach einer Woche fragte ich Elke: »Fällt es eigentlich überhaupt irgendjemandem auf, dass ich, Sven, NICHT rauche?«

Elke fiel es auf. Elke freute sich. Elke fing damit an, es bei jeder Gelegenheit zu erzählen: »Sven hat übrigens mit dem Rauchen aufgehört.«

»Pscht!«

»Was denn?«

»Darling, präsentiere mich nicht wie einen Papagei, der sprechen kann.«

»Entschuldige. Ich bin nur so stolz auf dich.«

»Danke. Aber ich habe nie gesagt, dass ich aufgehört habe zu rauchen. Ich habe nur gesagt, dass ich jetzt gerade NICHT rauche.«

Kurz danach fing ich wieder an. Ich ging zweimal am Tag mit den Hunden raus, kletterte auf Felsen, suchte verborgene Plätze auf, an denen mich niemand sehen konnte. Und plötzlich hatte ich ein Geheimnis.

Eine Mutter von zwei Kindern, die wir von der Schule kennen, erzählte mir einmal von ihrem Mann, einem Piloten, der regelmäßig Affären hatte. Irgendwann hatte sie genug davon, ständig betrogen zu werden, und trennte sich von ihm. Es überraschte ihn. Er war der Meinung, seine Affären gehen sie nichts an. Außerdem ist er in diesem Punkt einfach schwach, verteidigte er sich, das muss sie einfach akzeptieren, er braucht das, er liebt sie doch. Und überhaupt bringt er doch das Geld nach Hause und geht mit den Kindern ab und an ins Aquarium!

Ich bin nicht anders, denn entscheidend ist nicht die Größe des Geheimnisses, sondern die Lüge. So zu tun als ob. Bei meinen Nichtzigaretten dachte ich schlicht: Das muss Elke nicht wissen. Und wenn sie mich fragte, bemühte ich mich, diplomatisch zu sein.

»Wo warst du denn so lang?«

»Die Aussicht genießen. Tolle Wale gerade, direkt vor den Felsen.«

»Wonach riechst du denn?«

»Sekunde, ich muss mal eben auf Klo.«

Wir hatten unseren Krach. Einen gewaltigen Krach. Einen so unfassbaren Krach, nicht wegen dem Rauchen, sondern weil das Heimliche auf alles andere abfärbte. Wir hatten zwei nicht ehrliche Wochen hinter uns. Das Doppelbödige des Heimlichen ließ uns streiten.

»Wie kannst du so etwas tun! Und ich dachte, ich glaube nicht genug an dich, weil ich dich verdächtigte, wieder angefangen zu haben zu rauchen. Und jetzt habe ich doch Recht!«

»Aber dafür kann ICH doch nichts, dass du mich verdächtigst und nichts sagst, und dann auch noch enttäuscht bist, dass du Recht hattest!«

Die Wahrheit ist, dass uns dieses Geheimnis seit zwei Wochen voneinander entfremdete, was schwer wog, weil wir gerade dabei waren, über das Vertrauen und die Radikalität der Liebe zu schreiben. Und ich war derjenige, der diese ehrliche und intime Arbeit durch meine Heimlichtuerei ad absurdum führte. Ich war so blind zu glauben, gelebte Liebe und beschriebene Liebe wären zwei verschiedene Dinge. Und an dieser manchmal unfreiwilligen Doppelbödigkeit scheitern viele Lieben.

Am Ende stritten wir uns um alles Mögliche, den alten Kram, das ewig Gleiche, nur unversöhnlicher, bis wir erschöpft darüber lachten, wie absurd die ganze Situation wurde.

Alles Schlechte hat auch sein Gutes. Hier wurde es wieder wahr. Ich verstand Elke mehr denn je. Ich liebte sie mehr, weil ich wusste, dass das Problem nicht bei mir alleine lag. Ein Geheimnis hat immer zwei Seiten. Elke ist jemand, der gnadenlos mit den Schwächen anderer umgeht. Und manchmal habe ich nicht die Kraft dazu.

Einer meiner Lieblingsromane ist *Zeno Cosini* von Italo Svevo. Zeno, der komische Held, hat eine Affäre, liebt aber trotzdem seine schielende Frau. Hauptfigur seines Romans ist jedoch LZ. LZ wird fast auf jeder Seite erwähnt und steht für *Letzte Zigarette*. Sie ist Zenos ewiger Kampf, sein zum Lachen komischer Egoismus.

Das Seltsame an Geheimnissen ist, dass man sie vor allem vor sich selbst hat. Man will selbst etwas nicht wahrhaben und weiß es doch ganz genau – so wie Stephen Glass, der als junger Reporter Ende der 1990er Jahre zig Geschichten für den angesehenen *Republican* erfand.

Bei ihm begann es, wie meistens, wenn man lügt und Geheimnisse hat, mit nur einer erfundenen Tatsache, einem Detail, einem Zitat, das es so passend, wie er es haben wollte, nicht gab und das er einfach mal so als Platzhalter aufschrieb. Und dann blieb es so stehen. Ehe er sich's versah, schrieb er erfolgreiche und komplett erfundene Reportagen, an die er vermutlich selbst glaubte.

Das Unangenehme an Geheimnissen in der Liebe ist, dass man sich selbst anlügt. Zunächst beginnt alles recht harmlos. Und am Ende läuft es auf die Frage hinaus, ob man der ist, der man ist, oder ob man jemand anderes ist in der Liebe.

Wollte ich jemand anderes sein für Elke? Dachte ich, ich wäre nicht gut genug für sie? Gerade war ich noch ein Held, der aufgehört hatte zu rauchen. Und jetzt? Jetzt wusste ich, dass ich nur noch tiefer gesunken war als vorher. Wegen einer Lappalie. Kaum erwähnenswert!

»Was machst du?«, fragte ich meinen zwölfjährigen Sohn eines Abends. Es war fast zehn Uhr, mitten in der Woche, und er kritzelte in sein Geografieheft. Nicht an seinem Schreibtisch, sondern auf dem Bett. Ich wusste, dass er schnell Hausaufgaben zusammenschlampte.

»Ich muss noch was machen bis morgen. Bin gleich fertig.«

»Wie? Vorhin habe ich dich gefragt, ob du noch Hausaufgaben auf hast, und du hast Nein gesagt. Laut und deutlich.«

Ich war sauer. Jeden Tag frage ich meinen Sohn nach seinen Hausaufgaben. Erst wenn alle erledigt sind, darf er an den Computer. An jenem Abend hatten wir uns ausnahmsweise die Hälfte von einem Actionfilm mit Jet Li angesehen. Leise, damit Elke uns nicht hörte.

»Also, du willst mir sagen, du hast gelogen?« Ich musste mich sehr beherrschen.

»Nein. Ich hab's gleich.«

»Du! Hast! Mich! Deinen! Vater! Einfach! Angelogen!«

»Ich hab dich nicht richtig verstanden vorhin!«

»Wie, die Frage kam zu überraschend? Ist es das erste Mal, dass du sie hörst? Spreche ich zu leise?«

»Nein, aber ich, Mann! Ich habe nicht daran gedacht. Und dann hab ich einfach Nein gesagt. Bevor ich überlegt habe!«

»Und danach hast du seelenruhig Computer gespielt und mit mir den Film angesehen?!!«

Mein Sohn sah mich genervt an. Ich hielt ihn bei seinen Hausaufgaben auf.

»Der Junge lügt!«, sagte ich zu Elke. »Und er bereut es nicht einmal!«

Elke war unbeeindruckt.

»Unsere Kinder lügen uns an! Ich habe Angst, Elke. Was wird erst, wenn sie in der Pubertät sind?«

»Wird schon. Sie sind noch Kinder.«

Am nächsten Tag ging ich zu Elke und war euphorisch.

»Elke, für unser Buch sollten wir uns eigentlich alles gestehen, alle Geheimnisse. Tabula rasa. Wir räumen auf – mit allem.«

»Ich weiß nicht. Manche Sachen sollte man für sich behalten, findest du nicht?«

»Wie? Jetzt plötzlich? Was hast du denn zu verheimlichen?«, fragte ich überrascht.

»Nichts. Und du?«

»Na ja, wenn wir uns nicht ALLES gestehen müssen...«
Elke hat Recht. Sie muss nicht alles wissen. Sie muss nicht wissen, dass ich mit achtzehn einen Sommer lang einen roten Leinenanzug trug (damals fiel man mit so etwas mehr auf als mit einer Sicherheitsnadel durch die Nase). Dass ich eine alberne Angst vor Pavianen habe. Dass ich mit zweiundzwanzig ohne Sinn und Verstand billigen Schmuck klaute, ohne eine Freundin dafür zu haben, und dass ich, als sie in Italien war...

Entscheidend ist, ob ich derjenige bin, der ich auch in der Liebe bin. Oder ob ich mich verstelle und lüge. Lügen und Geheimnisse machen eine Beziehung nicht aufregender. Im Gegenteil: Das eigentlich Aufregende in der Liebe ist die Ehrlichkeit.

Jack Nicholson sagt einen großartigen Satz zu Helen Hunt in *Besser geht's nicht*: »Wegen dir möchte ich ein besserer Mensch sein.«

Ich will großzügig sein und geliebt werden. Ich möchte nicht wissen, wen Elke damals auf dem großen Fest geküsst hat, als ich auf die Kinder aufpasste. Ich möchte wissen, ob sie mich liebt. Und Elke will wissen, ob ich ihr vertraue, und sie möchte, dass ich mich nicht wegen einer Zigarette verstelle. Denn: Heute ist es eine Zigarette, morgen habe ich wie Charles Lindbergh woanders eine Familie, von der sie nichts weiß.

Direkt indirekt

Im Internet fand ich eine Geschichte des Schriftstellers Joachim Lottmann wieder über seine angebliche Begegnung mit Michel Houellebecq alias »Houle« in Bangkok.

Eine abgedrehte Lottmann-Geschichte, wie so oft irgendwo zwischen Fiktion und Realität angesiedelt. Ich erinnere mich, *not amused* gewesen zu sein, als ich sie damals las.

Er hatte sie vor Jahren geschrieben, nachdem er bei uns in Bangkok zu Besuch war. Er hatte seine minderjährige Nichte vorgeschickt und sich so, bis auf ein paar durchgedrehte mitternächtliche Anrufe, unbekannterweise bei uns eingenistet.

Wir wurden trotz allem Freunde, und deshalb empörte es mich umso mehr, dass er unsere Gastfreundschaft ausnutzte und so frech über mich schrieb.

Ich musste sehr lachen, als ich die Geschichte jetzt wieder las, aber vor allem konnte ich eine wesentliche Erkenntnis aus seinem Text ziehen.

Lottmann beschreibt unseren Konflikt, dass ich immer daran verzweifelte, dass er keine direkten Antworten auf meine Fragen gab. Und hat dafür eine interessante Erklärung:

»…Also wie Elke meinte, ich würd nur schwul rumlabern oder was. Ich solle mal aufstehen, wenn ich ein Schalker sei. Von einem Mann verlange sie eine klare Ansage… Gerade als Schriftsteller müsse man mit bedingungsloser Schärfe Position beziehen und so weiter…

Mein Verhältnis zu Elke war schlagartig in Liebe umgeschlagen, und ich mochte sie von Tag zu Tag mehr. Denn ich hatte in ihr mein spiegelverkehrtes Gegenüber erkannt. Und zwar passgenau. War ich der taktvolle und verlogene Mensch in Reinkultur, so war sie der ehrliche und – ich will nicht sagen taktlose – so mehr der direkte Typ. Man darf einem direkten Typ ja nie etwas Negatives sagen, der wehrt sich auf der Stelle, während der taktvolle Typ nur hüstelt und formvollendet meint: ›Nun, so kann man es auch sehen.‹…

Das Seltsame und für mich Interessante ist nun, dass sich im Leben immer die taktlos-ehrlichen und die taktvoll-verlogenen Menschen suchen und finden. Sie werden immer zu Paaren.

Deswegen war es auch dringend nötig, dass ich wieder abfuhr, um nicht in Konkurrenz zu Sven (Lager) zu geraten…«

Natürlich übertreibt Lottmann maßvoll, aber gleichzeitig trifft er den Nagel auf den Kopf. Ich sah plötzlich etwas, das mir nie bewusst gewesen war: Sven und ich waren Spiegelcharaktere, und das ist der Grund, warum unsere Kommunikation so oft nicht funktioniert.

Sven mag es nicht zu streiten, Streit ist ihm unangenehm,

und anstatt ihm das Unangenehme zu ersparen, treibe ich ihn oft in einen Streit, den er gar nicht will.

Er sagt immer: »Ich will mich nicht mit dir streiten.«

Und ich antworte: »Warum tust du es dann? Halt doch einfach den Mund und gib mir Recht, dann musst du dich nicht streiten.«

So würde es vermutlich Lottmann beschreiben. In Wirklichkeit bin ich ein wenig subtiler, aber sinngemäß läuft es darauf hinaus.

Als wir noch frisch verliebt waren, brachte Sven mich regelmäßig zur Verzweiflung, indem er mich von unterwegs aus anrief, um mir zu sagen, dass er gleich zu Hause sei, und dann drei Stunden später kam. Ich war stinksauer, und er war verärgert, weil ich mich nicht freute, dass er endlich da war.

Sven zeigte keine Reue, sondern war verärgert, dass ich ihn nicht freundlich empfing.

Sven denkt, wenn er mir sagt, er ist gleich da, beruhigt er mich mit seinen Worten. Er geht davon aus, dass ich ihm vor Freude um den Hals falle, wenn er dann schließlich vor der Tür steht, und vergessen ist das Warten.

Ich wusste von Anfang an, dass Sven und ich unterschiedlich sind, aber mir war nicht klar, dass das eine Charaktereigenschaft ist. Ich begriff erst später, dass Menschen vollkommen unterschiedlich denken, handeln und empfinden können.

Sven sagte einmal: »Der Vorteil des Taktlosen ist, dass er sich klar ausdrücken kann. Er sagt, was er meint, ohne

Umschweife, und meint, was er sagt. Der Nachteil des Taktlosen (und das bin in diesem Fall ich) ist, dass dieser sich nicht in andere hineinversetzen kann.«

Meine Freundin Anna berichtete mir, nachdem wir eine Nacht im selben Bett verbracht hatten, ich würde im Schlaf komische Schmatzgeräusche machen, und zwar genau die gleichen Geräusche, die ihr Freund macht und die sie seit Jahren zum Wahnsinn bringen.

Anna hat eine spezielle Empfindlichkeit gegenüber Schmatzgeräuschen, aber darum geht es in diesem Fall nicht. Vielmehr geht es um die Entdeckung, dass diese unangenehme Angewohnheit eine ist, die viele Menschen teilen. Das zu wissen, sagte sie, sei eine große Erleichterung und helfe ihr, über etwas hinwegzusehen, was sie vorher nicht ertragen konnte.

Mir geht es genauso. Es hilft enorm zu wissen, dass das Diplomatische und Unkonkrete kein Sven-spezifisches Problem ist, sondern ein Charakterzug.

Ich begreife es als Herausforderung, einen mir so entgegengesetzten Charakter zu verstehen und von ihm zu lernen. Es ist direkt reizvoll, so komplett konträr zu denken und die Welt mit Svens Augen zu sehen.

3 Einswerden

Oder warum Keinsex die Welt zerstört

Wenn zwei zusammen schlafen,
wärmt einer den anderen,
einer allein, wie soll er warm werden?

Kohelet 4,11

Sex

Sex ist ein schwieriges Thema, weil selten darüber gesprochen wird. Das heißt, normalerweise fällt es denjenigen, die ständig Sex haben, leicht, darüber zu sprechen, und die, die weniger Sex haben, verlieren oft kein Wort darüber. Keiner weiß, was normal ist? Wie viel Sex soll man als gesundes Paar haben? Jeden Tag? Dreimal die Woche? Dreimal im Monat? Alle drei Monate?

Sex scheint ein Barometer für eine erfolgreiche Liebe zu sein.

Wer will schon zu den Paaren gehören, die keinen Sex haben? Ich nicht. Ich möchte eine richtig tolle sexuelle Ehe haben, ich wünsche mir, dass es immer noch so ist wie am Anfang, als man die Finger nicht voneinander lassen konnte. Aber das Begehren verändert sich.

Von dem französischen Comiczeichner Jean-Marc Reiser gibt es ein Bild von einem Paar, das händchenhaltend auf einer Blumenwiese steht und das sagt: »Wir ficken nicht mehr, wir lieben uns jetzt.«

Der Sex verändert sich mit der Zeit, vor allem, wenn man Kinder bekommt. Das ist von Frau zu Frau unterschiedlich. Ich kenne Frauen, die sofort nach der Geburt mit ihrem Mann schlafen wollen, und andere sind dauernd scharf, weil ständig ein Baby an ihrer Brust nuckelt. Es gibt auch Frauen, die darüber schweigen und denen es vielleicht ähnlich geht wie mir, die erst mal keine Lust mehr auf Sex haben, weil man davon Kinder bekommt und weil nach der Geburt überhaupt alles Körperliche mit Muttersein verbunden ist.

Das erzählt einem keiner. Mir jedenfalls hat das keiner gesagt. Ich habe immer nur die tollen Nicht-genug-kriegen-können-Sexgeschichten gehört und dachte, ich bin nicht normal.

Ich hatte plötzlich eine Angefasstwerdensperre. Ich ging auf Abwehr, wenn mein Mann mich berührte. Ich musste mich total zusammennehmen und einen Schalter im Kopf umlegen, um Sex zu haben. Das kostete mich große Anstrengung, für die ich oft zu müde war. Sobald ich in den Sexmodus umgeschaltet hatte, war alles in Ordnung, wie früher. Nur bis es dazu kam, war es ein Kampf.

Gemessen an der Zeit, die wir miteinander verbringen, ist Sex ein Bruchteil davon, und trotzdem hat er die größte Bedeutung. Das ist doch lächerlich. Die ganze Welt ist so aufgesext, dass man sich ganz krank und kaputt fühlt, wenn man es nicht ist.

Man sollte nicht über Sex sprechen, aber es ist notwendig, über Nichtsex zu sprechen, weil man erst dann erfährt, wie ähnlich es vielen geht. Sobald der selbst auferlegte Druck verschwindet, kehrt endlich auch ein wenig Entspannung ein.

Es ist nicht einmal die Lust, die sich anstaut, sondern ein völlig falsches Ideal, dem man versucht zu entsprechen.

Liebe = häufig guter Sex. Bleibt dahingestellt, was guter Sex sein soll. Möglichst raffinierte Stellungen an möglichst ausgefallenen Orten mit möglichst vielen Orgasmen und wahnsinnig viel Leidenschaft? Wer hat dazu Zeit und Energie?

Wenn ich zurückdenke, hatte ich am meisten Lust zu Zeiten, an denen ich mich gelangweilt habe. Wenn ich nichts Besseres zu tun hatte, dachte ich an Sex.

Was ist Sex zwischen zwei Menschen, die sich schon lange lieben? Ein Moment intimer Nähe mit anschließender Befriedigung. Nicht wirklich berauschend, oder? Zumindest keine große Überraschung, eher eine liebevolle Routine.

Trotzdem ist Sex so wichtig, weil man es mit niemand anderem macht (oder machen sollte) als mit dem Menschen, den man liebt.

Kochen, essen, lachen, reden, spazieren gehen, nebeneinander schlafen, sogar Kinder aufziehen, kann man mit anderen auch.

Sex ist der entscheidende Unterschied zwischen Freundschaft und Liebe, aber nach einiger Zeit lassen sich Liebe und Freundschaft nicht mehr auseinanderhalten, und da beginnt das Problem mit dem Sex.

Keine Lust auf meinen geliebten Mann zu haben, verunsicherte mich und ihn noch mehr als mich, was die Sache nicht leichter machte.

Wer sich nicht begehrt weiß, fühlt sich nicht geliebt. Und da Liebe und Begehren miteinander verknotet sind, bekam ich Schuldgefühle, dass ich meinen Mann nicht genug liebte und ihn vielleicht gar nicht richtig liebe, denn sonst müsste ich ihn doch auch begehren. Ich hatte Angst, mir nur einzubilden, ihn zu lieben, und eine Riesenlüge zu leben, die ich nicht wahrhaben wollte. Nachdem ich mich aber auch nicht für andere Männer interessierte, fragte ich mich, ob ich nicht vielleicht frigide geworden war, doch wenn ich wirklich frigide wäre, würde ich ja auch keine Lust empfinden, wenn ich mich erst mal überwunden hatte, aber warum musste ich mich erst überwinden, wenn ich meinen Mann doch eigentlich sehr sexy fand, sobald ich mich überwunden hatte, und so weiter und so fort.

Ich musste meinen Mann überzeugen, dass ich ihn trotzdem liebte, auch wenn ich ihn nicht begehrte. Gleichzeitig war ich mir nicht sicher, ob ich mich nicht in ein immer größeres Lügengewirr hineinverstrickte.

Ich versuchte mich und ihn zu überzeugen, dass Sex nicht wichtig sei. Aber das war eine Lüge. Ich fühlte mich mit Sven nicht vollständig, wenn wir uns nicht regelmäßig liebten.

Drei Monate nach der Geburt unseres ersten Babys fragte mich meine Frauenärztin, wie es mit dem Sex sei, und ich sagte: »Weiß nicht, wir haben keinen.«

Sie sagte: »Passen Sie auf, dass es nicht zu lang wird.«

Ich ging empört nach Hause und dachte, was will die Frau eigentlich, dass ich mich dazu zwinge? Dass ich gegen meinen Willen die Beine breitmache, damit mein Mann seinen Spaß hat?

Inzwischen verstehe ich, was meine Ärztin damals meinte: Keinen Sex zu haben ist keine Option. Sex ist genauso wenig selbstverständlich wie die Liebe. Man muss etwas dafür tun. Man muss aufpassen, dass er sich nicht davonschleicht. Man muss ihm bewusst Zeit und Raum geben, auch wenn man sich nicht danach fühlt. Manchmal muss man sich sogar zwingen, Lust zu bekommen. Was einmal da war, kann wieder zurückgeholt werden, und wenn die Lust nicht von sich aus leicht und selbstverständlich kommt, dann muss man losgehen und sie mit aller Kraft wiederholen.

Sex war für mich zu etwas geworden, was man »mal wieder tun müsste«. Sven fragte mich: »Denkst du denn nie dran?«

Ich dachte darüber nach und stellte erstaunt fest, dass ich tatsächlich nicht daran dachte. Ich dachte über so vieles nach, aber Sex kam darin nicht vor.

Ich überlegte, wie ich es ändern konnte, dass ich wieder mehr an Sex dachte. Aber an Sex denken zu müssen, war genauso kontraproduktiv wie wieder einmal Sex haben zu müssen. Die Lust schwand noch mehr. Es war ein böser Kreislauf. Ich setzte mich unter Druck, mit dem gleichen Ergebnis, wie wenn jemand anderes mich unter Druck setzt: Mehr Widerstand.

Ich suchte nach Gründen für meine Desinteresse. Sven glaubte, es läge an ihm. Er fühlte sich zu Recht nicht genug begehrt und ungeliebt. Ich begann nach Gründen zu suchen, warum ich ihn nicht begehrte, was noch mehr in eine Abwärtsspirale führte.

Ich begreife erst heute, dass die Frage »Warum?« zu gar nichts führt. Warum bin ich nicht reich? Warum werde ich nicht genug begehrt? Warum sind meine Kinder so ungezogen?

Die Frage, die man sich stellen muss, ist: Was kann ich tun, um das zu ändern?

Ich sagte zu Sven: »Vielleicht solltest du mich als Sexsklavin halten. Eingesperrt in meinem Zimmer, den ganzen Tag nackt im Bett. Ich muss mich um nichts anderes kümmern, als Bücher zu schreiben und mich immer frisch gewaschen und duftend für dich bereitzuhalten. Du fütterst mich, bringst mir Zeitschriften, Bücher und Leckereien. Du tust alles, was ich von dir verlange, und ich stehe dir jederzeit zur Verfügung.«

Sven sagte: »Das ist nicht wirklich sklavisch.«

Ich sagte: »Es ist mehr so was wie eine dominante Sklavin.«

Eine reizvolle Vorstellung, aber auf Dauer nicht durchzuhalten, wenn man zwei Kinder hat.

Wir hatten auch darüber gesprochen, an festgelegten Tagen Sex zu haben, aber das schien uns beiden vorerst dann doch zu bürokratisch und unspontan. Wir wollten, dass es wieder so ist wie am Anfang, dass wir uns sehen und übereinander herfallen. Dass wir keine Nacht nebeneinander liegen können, ohne Lust aufeinander zu bekommen.

Aber das geschah nicht, und die Situation wurde nicht wirklich besser.

Irgendwann begriff ich, dass wir akzeptieren mussten, dass wir uns verändert hatten, dass unsere Liebe in einem anderen Stadium war als am Anfang.

Nicht nur das. Auch mein Körper hatte sich verändert. Ich empfand Berührung in erster Linie als Bedrängnis. Wenn

Sven mich berühren wollte, zog ich mich sofort zurück: »Fass mich nicht an, ich will meine Ruhe.«

Ich habe oft davon gehört, dass Frauen mit stundenlangem Vorspiel in Stimmung gebracht werden müssen, aber bei mir funktioniert das nicht. Ich hasse Vorspiel. Allein schon das Wort – zumindest, wenn es mit Streicheln verbunden ist. Mit Streicheln wächst mein Widerstand. Ich bin doch kein Streicheltier.

Irgendwann sagte Sven entnervt: »Wo darf man dich denn überhaupt anfassen?«

Und ich gab ihm Anweisungen: »Hier und da, aber nicht da, und jetzt hier. Am Hals und hier entlang und stopp.«

Ich merkte, dass es einen Weg gab. Es war ganz einfach. Ich musste ihm nur sagen, was er zu machen hat. Ich hatte es nur selbst nicht gewusst. Noch dazu hatte ich immer gedacht, er sollte das wissen. Zu einem guten Liebhaber gehört doch, dass er meinen Körper kennt und mich genau dort berührt, wo es mich vor Lust erschaudern lässt. Aber die Wahrheit war, dass mein Körper nicht mehr so reagierte, wie er es einmal tat, und dass wir beide nicht wussten, wie man ihn behandeln musste.

Anstatt herauszufinden, was wir ändern mussten, hatte ich mich gefragt, was falsch mit mir war.

Es dauerte Jahre, bis ich verstand, dass es nicht mein Mann war, dessen Berührung ich nicht ertrug, sondern dass Berührung nicht der Weg war, um mich in Stimmung zu bringen.

Wir hatten jahrelang an einem Weg festgehalten, der uns

von unserem Ziel wegführte. Was für eine Erleichterung, als ich das endlich begriffen hatte. Wir mussten einen anderen Weg finden. Einen, der Berührung als ersten Schritt ausschloss.

Die nächste Erkenntnis war, wir konnten nicht darauf warten, bis ich an Sex dachte, weil ich es nicht tat, sondern wir mussten uns verabreden.

Wir vereinbarten Tage, an denen wir Sex haben wollten. Wir legten einen Zeitpunkt fest, der am günstigsten war. Abends wollte ich lesen und war müde. Morgens wollte ich ungestört denken und arbeiten. Nachmittags waren die Kinder zu Hause. Mittags, nach getaner Arbeit, bevor die Kinder aus der Schule kamen, war eine gute Zeit. Das klingt unromantisch, ist es aber gar nicht. Sven stand morgens auf und sagte: »Bis später, halt dich bereit.« Ich finde die Unausweichlichkeit erregend.

Sex zu verabreden, ist eine konspirative Angelegenheit. Wir sind beide in gleicher Weise daran beteiligt. Es nimmt uns die Last, dass einer mehr will als der andere. Es stellt das Gleichgewicht wieder her und nimmt den Druck, der dem Sex immer mehr im Weg stand. Es gibt keinen »Woller« und »Nichtwoller« mehr.

Sven weiß, dass und wann es dazu kommen wird, und ich kann abends im Bett neben ihm liegen und lesen, ohne ein schlechtes Gewissen zu haben. Und plötzlich bin ich auch abends nicht mehr so müde und will nicht nur lesen und schlafen, wenn wir nebeneinander im Bett liegen.

Mit mehr Sex wächst auch die Lust.

Ich bin immer noch verblüfft, wie einfach die Lösung für

ein jahrelanges Problem sein kann, wenn man nur die Perspektive ändert: Lust als eine praktische Angelegenheit zu betrachten und dementsprechend zu lösen. Dem Sex tut das keinen Abbruch, im Gegenteil.

Lust

Die japanische Regierung hat kürzlich ihre verheirateten Bürger dazu aufgefordert, mehr als einmal im Monat Sex zu haben statt weniger als einmal im Monat, wie Umfragen ergaben. Aber warum haben die Japaner keinen Sex? Überarbeitet, die Wohnung zu klein, das Leben zu teuer? Zu viel Playstation und Cyberporno?

Zwischen mir und Elke handeln die meisten Streits von Sex. Vordergründig gehen sie um Aufräumen, nicht gute Nacht sagen, ein Gesicht ziehen oder Licht ausmachen, wenn der andere noch liest. Wir haben nur eine Lampe. Für die andere ist das Verlängerungskabel seit drei Jahren zu kurz.

Wir streiten uns wegen Sex, weil Sex das Erste ist, das in der Liebe leidet. Die meisten Paare haben selten Sex. Aber zugeben will es keiner.

Elkes Vater schenkte mir einmal ein Buch mit witzigen Zitaten zu allen möglichen Themen. Sex spielt darin eine große Rolle, fast alle Bemerkungen von Luther bis Woody Allen drehen sich um Keinsex in der Ehe, etwa in der Art von: »Meine Frau und ich haben großartigen Sex, abends erzählen wir uns davon.«

C.S. Lewis beschreibt den *Eros* als Verliebtsein in eine Person, ohne dass Sex zuerst eine Rolle spielt. Ich erinnere mich, ganz am Anfang, bevor wir zusammen waren, so verliebt in Elke gewesen zu sein, dass ich gar keinen Sex mit ihr haben wollte. Er war mir nicht wichtig, sogar unmöglich. Frisch verliebt zu sein, lähmte mich fast, bis irgendwann etwas in mir zündete und ich das Bett mit ihr nicht mehr verlassen wollte.

Nach dieser aufregenden Anfangsphase begann das eigentliche Zusammenleben mit Elke, und Sex wurde nach und nach nebensächlich, bis er plötzlich – zu unserem stillen Entsetzen – fehlte. Warum? Weil die Reproduktionsphase vorbei war, wie die Biologen sagen? Weil der Trieb nur zur Fortpflanzung dient? Woher kommt diese Idee? Von frustrierten Männern?

Sex ist ein unverzichtbarer Bestandteil der Liebe. Lars von Trier hat einen traurigen, großartigen Film darüber gemacht: *Breaking the Waves*. Ein Ehemann verunglückt auf einer Ölplattform und ist danach teils gelähmt. Er kann nicht mehr mit seiner Frau schlafen und zwingt sie deshalb, sich mit anderen Männern zu vergnügen. In seiner Liebe zu ihr glaubt er, sie brauche das. Und weil er sich nur noch als halber Mann fühlt, meint er, die Ehe vervollständigen zu können, indem er ihr erlaubt fremdzugehen, was sie gar nicht will. Es ist tragisch und sagt so viel über die Liebe aus und darüber, wie sehr Männer sie mit Sex gleichsetzen und wie wenig Frauen.

Ich gehe Elke auf die Nerven, wenn ich sage, dass ein Mann Sex mit seiner Frau braucht und dass er als logische Folge der Liebe ganz einfach da sein muss, während Elke sagt, wenn kein Sex da ist, dann eben nicht, halb so schlimm.

Wir haben beide Unrecht.

Sex ist heilig. Sex ist ein heiliger Bestandteil der Liebe, weil wir eins sind darin. Sex ist die Überwindung der Grenze zwischen uns Liebenden, der physischen wie der seelischen.

Sex ohne Liebe ist nur ein Surrogat der Liebe. Das klingt seltsam in einer Zeit, in der es zum guten Ton gehört, sich ab und zu guten Sex zu gönnen. Irgendwo.

Unser Sohn wird dieses Jahr dreizehn, er wird dieses Jahr zum Mann. Neulich fragte er Elke, ob wir ein Sexleben haben. Sex ist gerade *das* Thema in der Schule, und Elke sagte: »Ja.« Er war erstaunt und fragte: »Wann denn?«

Er hat es bisher nicht bemerkt. Oder er hat bemerkt, wann wir keinen Sex haben. Oder er weiß einfach noch nicht, wozu Sex gut sein soll. Dabei simuliert er schon Stimmbruch und will endlich Haare auf den Beinen haben!

Sex, erklärte ich ihm, kommt ganz am Ende. Er passiert nicht einfach so. Warum? Weil man sich beim Sex dem anderen völlig überlässt. Weil Sex ein Versprechen der Liebe ist. Weil wirklich guter Sex nur möglich ist, wenn man sich liebt.

Sex ist wichtig, wenn man sich lange kennt, denn erst dann braucht man ihn wirklich. Elke und ich brauchen Sex, um uns nicht voneinander zu entfernen. Wir müssen das Versprechen der Nähe ständig erneuern. Ich will nicht nur mit ihr befreundet sein. Außerdem sieht sie umwerfend aus, was gibt es da zu bedenken? Ich liebe ihren Körper genau so, wie ich sie liebe. Ich liebe alles an ihr. Oder ist das Lust?

Lust funktioniert anders. Meine Lust ist eine andere als die Lust Elkes, erst später wird sie eins. Meine Lust ist klar und deutlich. Ich muss darüber keine Sekunde nachdenken. Elkes Lust ist verborgen, wie die der meisten Frauen.

Warum hört man immer wieder die Geschichte vom ersten Date, dass er gleich mit ihr schlafen wollte, sie hingegen noch nicht, aber schließlich nachgab. Sie wollte sich ihm nähern, langsam, er wollte gleich einige Kapitel überspringen, die Abkürzung nehmen.

Mir ging es ebenso. Wenn ich eine Weile verliebt war, wollte ich Sex haben. Unbedingt! Ich glaubte dadurch alle Schwierigkeiten überspringen zu können. Kein langes Reden oder Zweifeln, lieber gleich zur Sache kommen und einfach zusammen sein.

Interessanterweise ist Sex in unserer Gesellschaft zu genau dem verkommen: Dem Überspringen von Nähe. Jeder hat seine Macken, jeder fühlt sich nicht ganz wohl, liebt sich nicht wirklich selbst, ist ein Opfer seiner Launen. Bevor der andere das herausfindet: ins Bett. Wenn man erst einmal Sex miteinander hatte, dann ergibt sich der Rest von selbst.

Das tut er aber nicht. Der Rest? Ergeben? Durch den Sex hat man ein Versprechen der Nähe gegeben, das man vielleicht nicht halten kann.

Wieso, fragte ich Elke, wieso lagen wir die ersten Wochen unserer Liebe nur nackt zusammen im Bett und fassten uns ständig an, während wir das jetzt nicht mehr tun? Was ist anders geworden?

Abgesehen davon, dass wir, wenn wir beide das Bett nicht verlassen hätten, nicht hätten arbeiten können und Kinder erziehen, verstehe ich nicht, was der anfänglichen Euphorie im Weg steht. Ich bin, wie ich war. Ich habe Lust auf Elke so, wie ich sie liebe.

Aber Elke, klug wie sie ist, wies mich darauf hin, dass gar nichts so ist, wie es war. Es ist keine Frage von »besser« oder »schlechter«. Damit hat es wenig zu tun. Es ist einfach anders.

Meist kann ich nachvollziehen, warum Elke bestimmte Dinge anders sieht als ich. Ich *verstehe* Elke. Aber beim Sex habe ich keine Ahnung, wovon sie spricht. Nicht wirklich.

Für mich ist Sex normal, natürlich und ein Zeichen der Liebe. Wenn wir keinen Sex haben, lieben wir uns auch nicht. Punkt. Aus.

Darin besteht auch die Tragik in Lars von Triers Film. Der gelähmte Ehemann glaubt unerschütterlich, dass seine Frau braucht, was er braucht. Nur kann er nicht mehr mit ihr schlafen. Also opfert er ihre Ehe, damit sie Sex haben kann, den sie gar nicht will, von dem er aber glaubt, dass er ihre Liebe erhält.

Sex ist ein großes, stilles Thema. Manche Singels sind froh, dass sie das Problem nicht haben. Den Kampf darum, den Kampf um Intimität, Zärtlichkeit, Lust.

Vor Monaten schlug mir Elke vor, wir könnten doch einfach nackt im Bett liegen, ohne Sex. Wie bitte? Das klang für mich wie kochen, ohne zu essen. Wozu?

Sie hatte Recht. Es war schön. Es war Sex auf eine andere Art. Lust ist etwas, das man ergründen muss. Ich habe ein halbes Leben gebraucht, um zu verstehen, dass Lust viele Gesichter hat. Ich kann mit Lust auf Sex surfen gehen, und nachdem mich die Wellen eine Stunde lang herumgestoßen haben, bin ich befriedigt. Ich habe eine Lust aufs Leben, auf Abenteuer, auf etwas Wildes, Gefährliches.

Natürlich will ich beides, Surfen und Sex, Liebe und Begehren, Kochen, Essen und Abenteuer. Aber mein Verstehen hat mich der Lösung nähergebracht. Hat mich verstehen lassen, dass Elke nicht zuständig ist für meine Lust. Meine Lust ist aufs ganze Leben gerichtet. Nur wenn ich in meinem Leben sonst nichts erlebe, gehe ich meiner Frau mit meiner Lust auf die Nerven.

Elkes Ehrlichkeit zum Sex in diesem Buch hat mich umgeworfen. Ich verstehe zum ersten Mal, wie kompliziert dieses Thema für sie ist. Ich weiß nicht, ob ich ihr meine Sicht ebenso klarmachen kann wie sie mir ihre. Sie kann sich an folgende Regel halten: Ich liebe sie, also will ich mit ihr schlafen. Wir haben uns gerade gestritten, also will ich mit ihr schlafen. Ich bin überarbeitet, also…

Der zweite Teil bleibt immer gleich. Was auch immer passiert, und wenn die Welt untergeht, ich will Sex mit ihr.

Die Frage ist: Wie retten wir unseren Sex?

In *American Beauty* spielt Kevin Spacey den Ehemann, den seine Frau beim Masturbieren erwischt. Sie streiten sich darüber, dass sie keinen Sex haben, und er sagt nur: »Hey, hier bin ich, nimm mich, let's go!« Männer können so einfach gestrickt sein. Die meisten jedenfalls.

»Hey Elke! Hier bin ich, bereit zu allem, let's go!«, rief ich neulich. Elke sah mich genauso entsetzt an wie Spaceys Frau. Wir haben nichts verstanden von der Lust unserer Frauen. Wir wissen gar nichts über sie. Wir denken nur:

Also bei mir ist es ganz einfach, warum nicht bei dir? Was zierst du dich so?

Wären unsere Frauen wie wir, es wäre unser Verderben. Wir könnten Sex in jeder Ehe haben, wie miserabel sie auch ist, und ganz gleich, ob man sich versteht oder nicht. Die komplizierte Lust der Frauen ist unsere Verzweiflung und unsere Erziehung.

Sex ist der Indikator, dass etwas in einer Beziehung nicht stimmt. Es ist komisch, man kann in der Liebe Friede, Freude, Interesse, Mitleid oder Zuneigung vortäuschen, aber nicht sexuelles Begehren, nicht echte Leidenschaft. Vor allem kann man nicht darüber reden, dachte ich. Entweder es funktioniert oder es funktioniert nicht.

Es ist eine Ironie der Geschichte, dass Viagra nicht bei Frauen wirkt. Es gibt überhaupt kein wirkliches Aphrodisiakum nur für Frauen, las ich neulich – als Medikament jedenfalls nicht. Lediglich irgendeine Substanz, die für die Bekämpfung von Hautkrebs verwendet wird, schlug leicht aphrodisisch an. Darauf setzt man jetzt alle Hoffnungen, obwohl man weiß, dass die weibliche Erregung ein Rätsel ist. Denn sie ist nicht physisch zu steuern. Ein Aphrodisiakum für Frauen kann keine simple Pille sein. Es funktioniert anders. Es muss mehrere Dimensionen haben.

Elke schlug mir Folgendes vor: Sex nach Verabredung, am Dienstag und am Donnerstag. An diesen Tagen stehe sie mir zur Verfügung. Welche Uhrzeit mir angenehm wäre?

Ich lachte. Sex, der Inbegriff von Intimität, Begehren und Lust. Sex, das heilige Manna der Spontaneität. Nach Termin? Dienstags und donnerstags? Haben wir uns etwa zu einer bestimmten Zeit verabredet, um uns zu verlieben? Lachen wir nach Plan, und sind wir nur freitags um fünf Uhr traurig? Was für eine Vorstellung!

Was würde passieren, wenn die japanische Regierung ein Gesetz erlassen würde: Sex jeden Dienstag und Donnerstag nach der Arbeit, aber vor den Abendnachrichten?

»Meinst du das ehrlich?«, fragte ich sie.

»Ja, klar. Sonst kommen wir doch nie dazu.«

»Aber was macht den Unterschied? Wissen wir, was wir am Dienstag um elf Uhr machen?«

»Ja, wir haben Sex.«

»Wie, und dann geht es auf einmal?«

»Wenn ich weiß, wann, dann kann ich mich darauf vorbereiten.«

»Ich werde mir den Termin in meinen Telefonkalender einspeichern.«

»Gut.«

Das war so verrückt, dass es schon fast wieder Spaß machte. Sex nach Termin. Planen das nicht nur Leute, die sich nicht lieben? Wie eine Verabredung zum Büro- oder Parkplatzsex?

Regeln mochte ich noch nie. Und ich stand auch nie auf Sex ohne Liebe. Wenn ich je Elke hätte betrügen wollen, dann hätte ich mich verlieben müssen, was nicht ging, weil ich Elke liebte. Eine Affäre beginnt man nur, wenn die Liebe bröckelt.

Ich weiß aus eigener Erfahrung, dass Sex ohne Liebe – ohne richtige Liebe – deprimierend ist. Aber noch schlimmer ist, wenn man verliebt ist und nach dem Sex sofort wieder getrennte Wege geht, weil im Sex ein Versprechen der Liebe und der Einigkeit liegt, das nicht eingelöst wurde.

Sex ist ein Versprechen. Er ist wirkliche Selbstaufgabe, man ist nackt, meistens jedenfalls. Sex ist ein Versprechen, das die Liebe braucht.

In fast allen alten Kulturen war Sex nur für Ehepaare vorgesehen. Die Intimität, die zwei Menschen teilen, war ausschließlich denen erlaubt, die die nötige Reife dazu hatten. In der Revolte gegen diese Tradition wurde Sex frei und verlor an Bedeutung. Sex wurde zerstörerisch. Er ist nicht mehr die Vertiefung der Liebe, er ist ihr Ersatz.

Als ich nach der Schule ein Jahr in Frankreich lebte, kam das Tischgespräch bei meiner sehr bürgerlichen Gastfamilie einmal auf die erste sexuelle Erfahrung. »Mit fünfzehn ins Bordell«, erklärte mir der Vater. »Und dann Erfahrung sammeln vor der Ehe. So hat's schon mein Vater gemacht.« Ich war baff. Wie gerne wäre ich Franzose gewesen in meiner Pubertät. »Und die Tochter auch?«, wollte ich wissen. Die Mutter war entsetzt.

Die Jungs werden Verführer, ihre Schwestern aber bleiben heilig. Und die verführten Mädchen? Werden die zu Schlampen, die Jungs zu Männern?

Ich erzähle das, weil eine Freundin mit sechzehn von einer Clique pubertärer Jungs in einem vornehmen französischen Badeort vergewaltigt wurde. Sex kann nicht falscher verstanden werden.

Ich weiß von schwulen Freunden in Berlin, wie schwer Liebe wird, wenn Sex mit jedem jederzeit möglich ist. Promiskuität als Abenteuer der Emanzipation vom Bürgerlichen zerreibt jede Liebe auf Dauer.

Von einem anderen Paar weiß ich, dass sie gerne gemeinsam Pornos ansehen. Es macht sie an, sagt er. Es macht ihn an, sagt sie. Aber hauptsächlich schauen sie Pornos, weil sie es für ein Tabu halten und sie nicht spießig sein wollen. Sie schauen Pornos, weil sonst nicht viel in ihrem Leben passiert. Er arbeitet in der Stadtverwaltung, sie verkauft Reisen nach Asien. Einmal im Jahr fahren sie nach Mauritius, in dessen Tropenwald die Palmfrüchte Penis- und Vaginaformen haben. Wow!

Ich weiß nicht, wie ihr Sex ist, aber ich nehme an, wie bei jedem anderen Paar auch. Schwierig. Ohne das Abenteuer in der Liebe geht der Sex fremd. Oder wozu soll man jemandem beim Sex zusehen, wenn man selber Sex haben kann?

Es gibt ein schönes Bonmot von Gustave Flaubert: *Um ein Mann zu sein, muss man einmal morgens aus einem Bordell getorkelt sein, angeekelt von der Nacht und sich selbst.* Und es ist keine Empfehlung, die Flaubert ausspricht.

Frauen, das ist meine Erfahrung, verstehen das Mysterium des Sex besser als Männer. Sie verstehen Sex als einen Bestandteil der Liebe, eine Eigenschaft, eine Qualität und eine Kunst, und nicht nur als eine Lust und ein Überspringen von Hürden.

Ganz am Ende des Films *Eyes wide shut* von Stanley Kubrick stehen sich Tom Cruise und Nicole Kidman in einem Spielzeugladen gegenüber. Den ganzen Film über hat Cruise sich in der fremden Dunkelheit von Lust und Verbrechen und im Scheitern seiner Ehe gewälzt. Seine Lust hat ihn fast seinen Kopf gekostet.

»Und was machen wir jetzt?«, fragte er seine Frau.

»Vielleicht sollten wir einfach ficken«, schlug sie vor.

4 Der Blinde und die Lahme

Oder warum der eine zum anderen passt
wie die Faust aufs Auge

*Die Liebe ist der einzige Weg,
auf dem selbst die Dummen zu
einer gewissen Größe gelangen.*

Honoré de Balzac

Wie du mir, so ich dir

Sven und ich haben eine Idealvorstellung davon, wie wir zusammenleben wollen, die sich manchmal widerspricht.

Seitdem wir das verstanden haben, versuchen wir nicht mehr, den anderen zu ändern, sondern ihm aus Liebe entgegenzukommen.

Ich wusste lange nicht, dass Sven gerne Komplimente hört. Es macht mir Spaß, seine Wäsche zusammenzufalten und in den Schrank zu legen, weil ich weiß, wie sehr er sich darüber freut. Lange Zeit habe ich mir gedacht, ich mache schon die Wäsche für die Kinder, seine Wäsche kann er selber waschen. Zu wissen, dass ich ihm meine Liebe dadurch zeigen kann, dass ich ihm die Wäsche abnehme, macht die lästige Arbeit leichter.

Im Gegenzug dafür bin ich ihm unendlich dankbar, dass er morgens aufsteht und die Kinder zur Schule bringt. Ich sage ihm jeden Tag, was für ein unfassbarer Luxus das für mich ist.

Gegenseitige Dankbarkeit für alltägliche Verrichtungen macht die Arbeit zu Liebesdiensten und so zur Freude. Es ist ein Unterschied, ob ich das Haus aus Pflichtgefühl in Ordnung halte oder weil ich weiß, wie sehr Sven es schätzt.

Wir nehmen nichts, was der andere tut, für selbstverständlich, weil die alltäglichen Pflichten für uns beide gleich lästig sind und uns von dem abhalten, was wir gerne machen: Schreiben, lesen, surfen, spazieren gehen.

Sven bedankt sich bei mir, wenn ich einkaufe, Mittagessen koche oder den Abwasch erledige, denn wenn ich es tue, muss er es nicht tun.

Ebenso dankbar bin ich für jede Aufgabe, die er übernimmt: Steuer erledigen, Auto reparieren, kochen, abwaschen, mit den Lehrern reden, einkaufen und das Aufstehen jeden Morgen.

Meine Liebe ist sehr eng mit Dankbarkeit verbunden. Ich bin unendlich dankbar dafür, dass Sven in meinem Leben ist. Ich bin ihm dankbar, dass er mich liebt, obwohl er mich so genau kennt. Ich bin ihm dankbar, dass er mehr an mich glaubt als ich an mich selbst. Ich bin dankbar für das Leben, das wir führen, und dass wir immer zusammen sein können. Ich bin dankbar, dass er sich geduldig jeden Blödsinn anhört, den ich ihm erzähle, dass er mich aufrichtet, wenn ich zusammenfalle, und und und...

Ich kann diese Liste endlos weiterführen, und mit jedem Punkt wächst meine Liebe für Sven.

Dankbar sein heißt, einen Wert anzuerkennen. Und nach Anerkennung streben bedeutet, Liebe zu suchen. Wir haben gelernt, dass Dankbarkeit uns in jedem Bereich voranbringt.

Gibt es etwas, das mich an Sven stört, finde ich fünf Gründe, warum ich ihm dankbar bin, und der Ärger ist vergessen.

Es gab einmal eine Zeit, da wachte ich morgens auf und

suchte nach Gründen, nicht aufstehen zu müssen. Ich lag im Bett und grübelte darüber, warum das Leben mich so schlecht behandelte.

Heute wache ich morgens auf und beginne, mich zu bedanken. Ich bedanke mich dafür, dass ich ein Dach über dem Kopf habe, wenn es regnet. Ich bedanke mich, dass die Sonne scheint. Ich bedanke mich, dass ich ausschlafen darf, dass ich nicht zu einer Arbeit gehen muss, die ich nicht ausstehen kann, dass ich schreiben darf, dass ich so einen schönen Laptop habe, dass etwas zu Essen im Haus ist, dass heißes Wasser aus der Dusche kommt, dass wir alle gesund sind und dass ich einen Mann habe, der mich liebt.

Dort, wo wir leben, sind das Dinge, die für sehr viele Menschen nicht selbstverständlich sind.

Ich muss aber nicht erst das Elend vor Augen haben, um Dankbarkeit zu entwickeln.

Wenn ich beginne aufzuzählen, wofür ich dankbar bin, kann ich nicht mehr damit aufhören. Ich begreife, wie unendlich reich und privilegiert ich bin, und alle Sorgen erscheinen dagegen klein und unbedeutend.

Dankbarkeit transformiert das Wesen und das Denken. Es verändert die Lebenshaltung. Es führt zur Liebe.

Geben und Nehmen

Etwas Seltsames passiert, wenn Elke deprimiert ist. Ich werde fröhlich. Und wenn sie sich den ganzen Tag in ihrer Niedergeschlagenheit gesuhlt hat, breche ich in Lachen aus. Ich überschütte sie mit Komplimenten, ich übernehme die Führung, ich trage sie auf Händen, ihre Verzweiflung stärkt mich, und ich ermutige sie. Mir fällt alles ein, was gut ist, wunderbar, warum ihr neues Buch großartig ist, warum sie super ist. Ich bin dann in Höchstform. Elke fordert mich in ihrer Misere, so wie sie ohne Mühe den Laden schmeißt, wenn ich ausfalle.

Ich lese gerade *Rashomon* von Ryunosuke Akutagawa, den Haruki Murakami zu den wichtigsten Schriftstellern Japans zählt. Akutagawa lebte um die Wende zum 20. Jahrhundert und war ein Meister des Stils. Murakami schreibt über ihn, dass seine Sprache genau und poetisch ist, dass seine Stärke aber zu seiner Schwäche wurde, da er in seinem Stil gefangen war und sich nicht weiterentwickeln konnte. Akutagawa starb unzufrieden und jung.

»Deine Stärken werden deine Schwächen sein und deine Schwächen deine Stärken«, las ich einmal in einem buddhistischen Buch. Der Satz blieb hängen. Nur, was bedeutet er in der Liebe?

Eine von Elkes Schwächen ist das Fremdeln. Sie hat mich damit oft verrückt gemacht, weil wir niemanden einladen konnten.

»Wir hatten doch erst letzten Monat Gäste!«, ist ihr Lieblingssatz. Aber kaum dass die Gäste da sind, wir zusammensitzen und essen, ist sie eine souveräne und kluge Gastgeberin. Sie ist eine viel bessere Gastgeberin als ich, obwohl ich derjenige bin, der ständig Leute im Haus haben will. Inzwischen lade ich ein, ohne sie zu fragen.

Elke inspiriert andere. Und mich. Sie macht aus meiner Schwäche, nur Allgemeines zu reden und höflich zu sein, mehr. Sie lehrt mich, dass jede Begegnung etwas Wertvolles und Neues hervorbringt.

Das zu erkennen, hat ein paar Jahre gedauert. Wie leicht hätten Elke und ich uns auf unsere Stärken verlassen und unseren Schwächen nachgeben können. Elke wäre souverän zu Hause geblieben, ich hätte mich in irgendwelchen Kneipen um Kopf und Kragen geredet. Wir hätten ein Leben parallel geführt, nicht zusammen.

Bevor ich Elke traf, hatte ich wunderbare Jahre bei einem kleinen Lokalradio. Ich schrieb Kino- und Buchkritiken, legte Musik auf, diskutierte den ersten Irakkrieg live. Meine Stärke war das Reden. Man hörte gerne meine Stimme, und ich hätte ewig so weitermachen können. Meine Kritiken waren lustig, aber ich ordnete den Sinn der Kritik dem Humor und der Unterhaltung unter.

Erst später, als ich Kritiken zu meinen eigenen Büchern las, verstand ich, dass es nicht gut ist, wenn sich der Kritiker wichtiger nimmt als die Kritik.

Es ist niederschmetternd, eine Kritik über ein Buch zu lesen, an dem man ein Jahr lang gearbeitet hat, wenn die Kritik nichts weiter als Sarkasmus, Ironie und Spaß auf meine Kosten birgt, weil der Kritiker Launen hat und diese Launen unterhaltsam sind. Unter zehn Buchbesprechungen finde ich eine, egal ob positiv oder negativ, die wirklich von meinem Buch handelt, in der sich der Kritiker zurücknimmt und tatsächlich den Inhalt und Sinn des Buches beschreibt.

Damals beim Radio hat niemand wirklich meine Art des Kritisierens gestoppt. Mit Elke wurde das anders. Vor allem, weil Elke sehr genau zuhört. Sie hasst Schwätzer. Sie hasst Schwätzer, obwohl sie selbst manchmal keine Ahnung hat, wovon sie redet. Erstaunlicherweise habe ich des Rätsels Lösung bei Elkes Mutter gefunden.

Jahrelang hat mich Elkes Mutter zum Wahnsinn getrieben. Die Mutter gab gerne zu allem Kommentare ab, ob sie es besser wusste oder nicht, sie gab ihren Senf dazu. Es war, als ob sie redete, ohne zu denken. Obwohl sie für sich eine fröhliche Person war, sah sie gerne vieles pessimistisch.

Wir waren einmal zerstritten, meine Schwiegermutter und ich, bis ich mich nach Jahren überwand und auf sie zuging. Sie erzählte mir ihre Kindheitsgeschichte im Berliner Bombenhagel und wie die Russen auf ihrem Bauernhof einmarschierten. Seit diesem vertrauten Moment mögen und verstehen wir uns. Sie ist eine starke Frau, die oft eine schwache, nörgelige spielt, so wie Elke. Sie ist wie alle Menschen, die die Kontrolle haben wollen, aber sich nicht trauen, auch weil sie dann diejenigen werden, die kritisiert werden.

Inzwischen behandele ich Elkes Mutter wie eine starke Frau, so wie ich ihre Tochter (die auch gerne unnötige Kommentare abgibt) als starke Frau behandele, die sie ist. Ich möchte ihre Schwäche in eine Stärke verwandeln, so wie Elke meine Schwäche, keinen Rat annehmen zu können, zu meiner Stärke machte: zuhören.

Elkes Schwäche, alles zu kommentieren und besser zu wissen, wird durch meine Liebe die Stärke, es besser zu tun. Und sobald ich Elkes Rat nicht abwehre, wird Elkes Rat besser und klüger.

Das Prinzip Schwäche zu Stärke und umgekehrt funktioniert nicht überall. Aber es trifft da zu, wo der bessere Mensch in uns noch schlummert. Wo ein Talent, eine Fähigkeit schläft, die die Liebe eines anderen wecken kann. Eine Kraft, die ungenutzt nur sabotiert.

Die Stärken der Jugend dagegen sind oft veraltet. Wie zum Beispiel als ich Halbgott und Großbruder meiner kleineren Schwestern war. Ich hatte endlose Energie, Spiele zu erfinden, die mich heute ermüden.

Meinen eigenen Kindern habe ich oft nicht zugehört. Als Besserwisser. Als Rechthaber. Wer sind sie schon? Kinder! Meine Schwestern waren nur zehn Jahre jünger, aber zwischen mir und meinen Kindern klafft der Abgrund zwischen Jugend und Erwachsensein.

Vor kurzem war es noch so, dass, wenn sie mir zu viel waren oder sie nicht auf mich hörten, ich zornig und laut wurde. Ich bin leicht reizbar, und ich hoffte, die Kinder würden es als Erziehung verstehen.

»Ruhe!«, schrie ich oder »Es reicht, ich gehe jetzt zur

Schule, ob ihr fertig seid oder nicht, verdammt noch mal, was ist denn bloß los mit euch? ...«

Meine Schwäche war, keine klaren Grenzen zu ziehen und dann sauer zu sein, dass die Kinder über die Stränge schlugen. Meine Schwäche war, kein Vorbild zu sein.

Die Wende kam, als ich mich nach einem Wutanfall entschuldigte und den Kindern erklärte, warum ich sauer bin. Ich erklärte ihnen, dass Schreien und Wut falsch sind und dass auch wir als Eltern fehlbar sind. Ich brachte sie zum Lachen, indem ich meine Wut nachspielte wie in einem Slapstick.

Ich wünsche mir, dass sie in ihrem späteren Leben zornige Menschen nicht fürchten, sich nicht einschüchtern lassen und nie auf die Schreihälse hören. Aber dass sie jede Grenze als sinnvoll erkennen. Humor ist der Weg, die Kinder zu erziehen.

Neulich gingen wir alle vier spazieren und machten uns nach. Unsere Tochter von zehn Jahren konnte mühelos meine tiefe Stimme imitieren, mit der ich sie jeden Morgen antreibe: »Hopp, Kinder, alle Lichter aus, ich gehe jetzt!« Die anderen lachten sich schlapp.

Der größte Wandel unserer Schwächen begann kürzlich. Er handelt von Elkes Schwierigkeit zu geben und meiner Hemmung zu nehmen.

Ich will andere stets mit Geschenken überhäufen, weil ich großzügig bin, weil ich will, dass andere mich mögen. Elke will nichts schenken, weil sie sich selbst ein Leben lang über falsche Geschenke geärgert hat.

Seit Jahren nerve ich sie wegen ihrer Haltung zum Geben. Sie zieht mich auf, weil ich zu wenig fordere, also nicht nehme, weil ich einer dieser Menschen bin, die keinem etwas schulden wollen.

Ich pflücke weiter Blumen vor jedem Besuch, kaufe Kuchen, verschenke manchmal unverzeihlich unsere Lieblingsbücher, die dann in unserer Bibliothek fehlen. Elke nimmt weiter Geschenke von Freunden an, ohne sich Sorgen zu machen, wie man das wiedergutmachen kann.

Elke hat keine Schwierigkeiten damit zu schenken. Sie tut es allerdings nur, wenn sie genau weiß, dass es das Richtige ist, während sich in ihrem Schrank die ganzen Kleinigkeiten stapeln, die ich ihr über die Jahre hinweg geschenkt habe, weil ich hoffte, sie würden sie interessieren.

Vor kurzem verschenkte Elke ihre Lieblingsohrringe an eine Frau, die noch nicht einmal eine gute Freundin ist und die Schmuck trägt, den Elke nie tragen würde. Es war ein großer Moment. Ich war dabei. Die Frau weinte vor Rührung, und selbst Elke war überwältigt von der ungewohnten Tat.

Und vor einigen Tagen überraschte mich Elke wirklich sehr. Wir hatten von unserem letzten Geld einen neuen Apple Laptop für Elke gekauft – ein Luxus, für den ich gerne etwas opferte. Ich habe ja kein Problem mit dem Geben. Nur war mein Laptop zu diesem Zeitpunkt dabei, völlig auseinanderzubrechen. Elkes alter war dagegen noch in Ordnung, aber schon fünf Jahre alt.

Ich liebe meinen Computer mit dem Sprung im Display, und sie liebt ihren neuen Laptop mit dem glänzenden großen Bildschirm im Breitwandformat. Sie liebt ihn wirklich.

Jeden Tag streichelt sie zärtlich über das noch makellose Weiß. Und neulich bot sie ihn mir an.

»Aber es ist doch dein super, langersehntes und geliebtes Powerbook«, protestierte ich.

»Ja, aber ich brauche ihn nicht wirklich. Du brauchst einen neuen Laptop.«

»Das ist schon okay. Du weißt doch, ich mag altes Zeug. Und Neues hält bei mir nicht lang.«

»Sven, du verdienst einen neuen, nicht ich.«

»Wirklich? ... Meinst du das im Ernst? Du würdest mir deinen neuen Luxuslaptop schenken?«

»Ja, hier!« Sie wollte ihn mir wirklich schenken. Von ganzem Herzen. Es war kein Scherz.

Dafür liebe ich Elke. Ich habe den Laptop genommen, gestreichelt und zurückgeschenkt. Elkes Geste hat mich reicher gemacht als je zuvor.

Der Spaziergang

Wir wollten zusammen spazieren gehen, und ich stand mit den Hunden vor dem Haus auf der Straße und wartete auf Sven. Ich konnte durchs Fenster sehen, wie er sich laaangsam zur Tür bewegte, noch laaaangsamer wieder zurückschlich, in seinem Zimmer verschwand und nach einer Ewigkeit wieder zurückkam. Das war der Moment, an dem ich mich nicht mehr zurückhalten konnte und schrie: »Kommst du Sven!!!?«

Ich weiß, wie sehr er es hasst, wenn ich ihn zur Eile antreibe. Je schneller ich will, dass er sich bewegt, desto langsamer wird er. Es ist, als würde ich ihn schon allein durch meinen Gedanken, er solle sich ein wenig beeilen, bremsen. Und nicht nur mich macht das wahnsinnig. Die Kinder können es genauso wenig leiden.

Nichts geht schnell mit Sven. Wenn wir alle im Auto sitzen, müde und hungrig, und dringend aufs Klo müssen, hält er noch *schnell* an einem Laden, um Milch zu kaufen, steigt aus und schleicht in den Laden, und vielleicht trifft er noch jemanden und unterhält sich ausführlich, oder er hält ein Schwätzchen mit der Kassiererin.

Alle kennen Sven, alle lieben Sven, nur wir im Auto, wir kochen vor Wut und Ungeduld, wenn er fröhlich pfeifend zehn Minuten später gemächlich zu uns zurückschlendert. Wenn ich mich dann nicht zurückhalte, platzt er vor Wut, weil ich ihm seine gute Laune verdorben habe.

Oder ich stehe an der Supermarktkasse, hinter mir eine Schlange ungeduldiger Kunden und warte auf Sven, der *schnell* noch etwas holen wollte, was er vergessen hat. Nach einer Ewigkeit kommt er gut gelaunt zurück und erzählt mir, wen er alles getroffen hat, und ich bin wieder die übelgelaunte Launeverderberin, weil ich ihm Vorwürfe mache, dass er mich so lange warten lässt.

Jedes Mal wenn wir aus dem Auto steigen, egal wie sehr wir bereits zu spät sind, weil man mit Sven immer zu spät kommt, braucht er fünf Minuten, um das Auto abzuschließen. Ich weiß beim besten Willen nicht, was er so lange macht. Er geht um das Auto herum, rüttelt am Kofferraum, prüft den Reifendruck, sieht unter das Auto, ob kein Öl ausläuft. Ich kann ihm dabei nicht zusehen, ohne wahnsinnig zu werden, und er findet es unmöglich, dass ich immer vorneweglaufe und nicht auf ihn warte. Ich sage ihm dann: »Sieh es so: Warum läufst du immer hinter mir her und holst nicht auf?«

Wenn wir irgendwo eingeladen sind, sind wir immer die Letzten, die aus dem Haus gehen. Ich stehe auf, bedanke mich für das gute Essen, verabschiede mich und gehe. Bei Sven ist das eine mindestens halbstündige Verabschiedungszeremonie. Ich stehe mir die Beine in den Bauch und warte, bis er sich endlich zur Tür bewegt.

Ich gehe natürlich von mir aus. Ich bin mir nämlich sehr bewusst, wenn andere auf mich warten, und um Rücksicht auf sie zu nehmen, beeile ich mich so sehr ich kann. Ich empfinde es als grobe Respektlosigkeit, zu spät zu kommen und andere warten zu lassen. Es ist also nicht nur das Warten, das mich stört, sondern seine Rücksichtslosigkeit mir gegenüber. Dass er mich warten lässt, obwohl er weiß, wie ich es hasse.

Das könnte ein Scheidungsgrund sein. Wahrscheinlich sind etliche Ehen aus ähnlichen Gründen gescheitert.

Da ich ihn in dieser Beziehung nicht ändern kann und jeder Einwand von mir ihn nur noch mehr verlangsamt, ist das für mich eine lebenslange Übung in Geduld. Wenn ich sie gemeistert habe, löst sich wahrscheinlich Svens innere Bremse, aber ich bin noch weit davon entfernt, auch wenn ich mich bereits gebessert habe. Vielleicht sollte man im Makel des anderen die Möglichkeit sehen, eine Tugend in sich selbst zu trainieren.

Nachdem ich also ungeduldig »Kommst du?!!!« geschrien hatte, wissend, was ich damit auslösen würde, kam er wütend aus dem Haus, und wir waren wieder bei unserem alten Streit angelangt.

Er sagte: »Ich mach so schnell, wie ich kann.«

Ich sagte: »Das sehe ich nicht, ich bin mir sicher, du kannst dich schneller bewegen. Ich nehme es persönlich, wenn du mich immer so lange warten lässt, obwohl du weißt, wie wenig ich es leiden kann.«

Er sagte: »Du hast mir jetzt mit diesem Streit die Laune verdorben.«

Ich sagte: »Wie kannst du dir die Laune verderben lassen? Selbst schuld. Du musst ja nicht auf mich reagieren.«

Ich hackte auf ihm herum, weil sich seine Wut so leicht auslösen ließ.

Ich sagte: »Zeig doch mal ein wenig Großmut. Ich kann mich nicht beherrschen und treibe dich an, dann könntest du doch wenigstens Größe zeigen und mir meine Ungeduld verzeihen und nicht mit einem Wutausbruch reagieren, denn du tust nichts anderes als ich, die auf deine Langsamkeit reagiert, und ganz schön blöd, sich auch noch die Laune verderben zu lassen, denn das tue ich nicht, schau, meine Laune ist hervorragend. Die Sonne scheint, das Meer leuchtet, komm, reiß dich zusammen.«

Das sah Sven dann auch ein. Seine Laune besserte sich, und wir versprachen einander, nicht mehr auf das Übliche zu reagieren, und wenn der eine sich nicht zurückhalten kann, dann muss der andere es wenigstens tun und ihm seine Schwäche vergeben.

Ist das nicht reif und klug? Für zwei Tage oder so klappte es auch hervorragend.

Nachtrag: Ich hätte den Mund halten können. Ich hätte nicht der Versuchung nachgeben dürfen rumzuschreien, sondern meine Ungeduld in diesem Moment zurückstellen müssen, um den Frieden und das Glück zu beschützen.

Was bedeutet es schon für mich, eine Minute länger auf der Straße zu stehen? Was bedeutet es für mich zu warten, während mir die Sonne ins Gesicht scheint? Lohnt es sich, dafür einen Streit zu provozieren?

Wir glauben, der andere ändert sich nie, wenn wir ihn nicht ständig auf seine Fehler hinweisen. Das Gegenteil ist der Fall.

Zwischen den Zeilen

Es war ein sonniger Tag, die Hunde verhielten sich unruhig, wir hatten gut gearbeitet und wollten an den Klippenpfad mit seinen duftenden Büschen und dem wilden, flaschengrünen Meer, bevor die Kinder aus der Schule kamen.

Elke stand schon draußen auf der Straße und rief mir zu: »Kommst du?« Sie tat es auf diese fordernde Art, die keinen Zweifel daran ließ, dass wir jetzt in diesem Moment gehen müssten, weil sie schon draußen war, obwohl ich eben noch meine Hände waschen, die Küchentür abschließen und meine Brille suchen wollte.

Wir hatten Zeit! Nirgendwo brannte es! Ich komme, ich eile, aber ich renne nicht. Rennen ist nichts für einen schönen Spaziergang. Aber sie stand auf der Straße und rief, als wäre ich schwer von Verstand, als wäre ich ein Alzheimerpatient, der vergessen hatte, warum er eben seine Schuhe angezogen hatte.

Elke ist so. Sie ist fordernd, und es war einer dieser Tage, an denen ich es leid war. Ich hätte darüber lachen können, aber ich brach einen Streit vom Zaun. Ich wünschte mir an diesem Tag nichts sehnlicher als eine geduldige, liebevolle Frau, die wusste, dass ich mich beeilte, und keine, die mich mit einem »Kommst du?« in Frage stellte. Es war kein

»Darling, beeil dich, ich kann's kaum erwarten, endlich spazieren zu gehen!«, oder ein »Schatz, sei so nett und leg einen Schritt zu, es ist so schön hier draußen, verzeih meine Ungeduld.« Es war einfach dieses herrische »Kommst du?« Als müsste man mich ermahnen.

Sie spielte die Unschuldige: »Ich habe doch nur freundlich ›Kommst du?‹ gesagt.« Wie alle Paare haben wir ein feines Gehör für den anderen. Überall auf der Welt werden völlig harmlose Konversationen geführt, deren Worte nichtssagend sind und in denen nur der Ton die Nachricht ist. Und wie in all diesen Konversationen der verzweifelt Liebenden beharrt jeder auf dem Wortsinn und verleugnet den Ton, als hätte es nie ein *Zwischen den Zeilen* gegeben.

Zum Unterton bedeutungsloser Worte gehören zwei. Der eine, der spricht, der andere, der hört. Man kommt sich auf halbem Weg entgegen. Elke sagte leicht ungeduldig und fröhlich auffordernd »Kommst du?«, und ich hörte ein herrisches »Kommst du?!«

Als ich zu ihr kam, sagte ich ihr, dass ich mir wirklich jedes herrische Wort verbiete, weil es sich einfach nicht für Liebende gehört. Sie tadelte mich dafür, dass ich mit ihr stritt, und sprach mit einer Stimme, die fröhlich und mahnend zugleich war: »Also, *du* führst dich hier auf.«

Eigentlich hätte es ein harmloser Spaziergang werden sollen. Die Konfettibüsche, die blühenden Aloen, das große, ruhig atmende Meer, sie wussten nichts von der Geladenheit dieses wunderschönen Tages.

Es war ein blöder Kampf um Macht. Es war, als summierte dieser Streit alle unsere Reibungen, alles, was uns voneinander trennt. Dieses einfache »Kommst du!?« war die Akkumulation unserer Unzufriedenheit aneinander, unserer Irrtümer, wie wir uns sahen. Elke die Blinde, Sven der Lahme. Und dann glaubte Elke auch noch, dass sie im Recht war! Obwohl ich es war.

Ich hatte Recht, weil ich fürsorglich war und weil ich derjenige war, der das Haus abschloss, während Prinzessin Sorglos draußen vor dem Auto stand und den Chauffeur fragte, ob's jetzt endlich mal losgehen könne.

Recht haben ist die letzte Waffe der Verzweifelten. Damals bezichtigte ich sie der Herablassung. Der Arroganz. Der bösen egoistischen Absicht.

Lieben heißt, dem anderen alles geben. Liebe ohne Selbstlosigkeit ist nur eine Geste. Und wir stritten uns darum, dass der andere nicht selbstlos genug war.

»Ich bin dumm«, sagte ich zu Elke. Ich entschuldigte mich bei ihr. Ich kniete vor ihr, ich küsste sie, ich sagte ihr, dass sie die großartigste Frau der Welt ist und wie dumm ich bin, nicht über ihre Schroffheit zu lachen, ihre unverblümte Unverschämtheit, weil ich gerade das an ihr so liebe.

5 Kopf und Herz

Oder warum wir nur für uns selbst denken können

*It is not time or opportunity
that is to determine intimacy;
– it is disposition alone.
Seven years would be insufficient to make
some people acquainted with each other,
and seven days are more
than enough for others.*

Jane Austen, Sense and Sensibility

Wenn du denkst

In der Liebe geht man davon aus, dass der andere weiß, was man will. Man denkt, man weiß, was der andere denkt. Man denkt, der andere denkt, er weiß, was man denkt. Wozu soll denn die Liebe sonst gut sein, wenn nicht zum Gedankenlesen?

Gestern Abend legte ich mich zu Elke ins Bett, und wir sahen uns noch einen Film zusammen an.

»Du stinkst«, sagte Elke beim Abspann.

»Wie bitte?«

»Du stinkst nach Deo.«

»Ich dachte, du magst das.«

»Bäh, seit Wochen klebt dieser Duft an dir, es ist furchtbar.«

Elke und ich schrieben in letzter Zeit sehr viel. Ich rauchte dazu, trank abends erschöpft Bier, den halben Sherry, unternahm lange Spaziergänge mit den Hunden und war oft zu müde zum Duschen. Außerdem hatte unsere Tochter an diesem Tag wieder den Warmwassertank geleert für ihr Duftbad.

Ich hasse Deo. Mir wird schlecht von Deo. Nur fand ich dieses ganz erträglich, weil ich annahm, dass es Elke gehörte. Und wenn es von Elke ist, dachte ich, dann mag sie diesen Geruch nach Baumwolle und Dampfwäscherei und Briefmarkengummierung. Das Deo war dezent, also benutzte ich es, vor allem im Hinblick darauf, dass meine geliebte Frau es mochte. Und es war mal etwas Neues. Aber warum sagte Elke wochenlang kein Wort?

»Besser?«, fragte ich, nachdem ich mich geduscht hatte.

»Ja, aber wieso wäschst du dich nicht einfach beim nächsten Mal gleich?«

»Normalerweise mach ich das doch auch.«

»Weißt du, ich mag deinen Geruch, wenn du dich wäschst.«

»Und ich mag deinen Geruch.«

»Hör auf. Ich habe mich heute nicht gewaschen.«

»Ich mag das.«

»Perverser.«

Sie ignorierte es. Ich durfte nicht an ihr riechen, aber ich mag wirklich den Geruch einer Frau, die den ganzen Tag im Bett geschrieben hat.

»Hast du dich auch richtig gewaschen?«

»Warum?«

»Ein bisschen stinkst du noch.«

Ich lachte. Das gefiel mir. Ich mag es, wenn Elke so direkt ist. Verwirrend ist nur, dass in meinem Kopf eine Elke ist, die nicht *die* Elke ist, die sie ist. Und in ihrem Kopf gibt es eine Elke, die sich von der Elke, die im meinem Kopf ist und von der Elke, die sie ist, unterscheidet. Genau genommen haben wir in unserer Liebe sechs Personen: Elke in meinem Kopf, Elke in ihrem, ich in ihrem, ich in meinem. Und schließlich uns beide. Ohne Denken, wenn es das gäbe. Wir sind also schon ohne Kinder eine Großfamilie. Mit Kindern sind wir ein Dorf von zwanzig Charakteren.

Meine Großmutter erzählte mir gerne die Geschichte von zwei Schwestern, die ihr Leben lang zusammenlebten und sich am Sterbebett gestanden, was sie Gutes füreinander getan hatten.

»Ich habe immer die Oberseite des Brötchens für dich aufgehoben, obwohl ich die lieber mag.«

»Nein! Und ich habe immer die Unterseite für dich übrig gelassen, obwohl sie mir besser schmeckt.«

Manche Dinge könnten so einfach sein, wenn man mehr miteinander kommunizieren und seine Gedanken austauschen würde.

Eine Freundin beschrieb ihren Mann einmal so: »Außer meinem Mann gibt es wahrscheinlich niemanden auf dieser Welt, mit dem ich so sein kann, wie ich bin, und gleichzeitig auch so sein kann, wie ich gerne wäre. Noch nicht mal mit mir selbst kann ich so sein, wie ich bin.«

Ich beneide sie. Wir beneiden beide. Sie leben symbiotisch, radikal, eins. Sind sie klüger? Lieben sie sich anders?

»Sven, kannst du bitte aufhören, mich so mechanisch zu streicheln!«

»Was?«

»Du streichelst mich mechanisch. So wie ein Roboter.«

»Was. Du streichelst mich mechanisch! Und ich dachte, du magst es so.«

»Mögen? Es macht mich nervös! Ich habe bislang nichts gesagt, weil ich dachte, du kannst vielleicht nicht streicheln. Und es wäre so etwas wie eine Behinderung.«

»Aua.«

»Männer mögen es doch so.«

»Männer? Bin ich Männer? Ich streichle dich, wie es sich gehört, basta!«

»Das kitzelt. Und es fühlt sich immer gleich unangenehm an. Vielleicht sollte ich dich so mechanisch streicheln wie du mich, und du mich sanft so wie ich dich.«

»Vielleicht.«

Ein anderer Irrtum ist mein Bild von Gleichberechtigung. Für mich stand immer fest, dass Frauen und Männer gleichgestellt sind. Als Kind war ich zu vielen autoritär-stumpfen Vätern begegnet. Das hat mich geprägt, und ich wusste, dass ich Elke nie so behandeln würde wie diese Väter ihre Frauen und Kinder. Und dann gestand mir Elke eines Tages, dass sie sich wünscht, ich würde die Familie mehr führen. Als Mann.

Ich dachte immer, Elke würde mich sofort gekränkt verlassen, wenn ich etwas über ihren Kopf hinweg entscheiden würde. Und Elke dachte immer, ich würde mich nicht trauen, Entscheidungen zu treffen.

Es geht in unserer Beziehung nicht darum, wer Recht hat, es geht darum, was wir brauchen und was gut für uns ist.

Ich sagte zu Elke: »Ich tue gerne alles für die Familie, aber ich weigere mich, Entscheidungen allein zu treffen. Ich spüre die Einsamkeit darin. Und ich will nicht, dass du mir Dinge aus Faulheit überlässt.«

»Es ist keine Faulheit. Ich will einfach einen Mann, der manchmal entscheidet, wohin wir essen gehen, in Urlaub fahren, wie wir unser Geld verdienen.«

»Ich dachte immer, du bist zu eigensinnig für so was.«
»Ich lass mich gerne überraschen.«
»Und wenn es dir in Lagos nicht gefällt.«
»Fahren wir nach Lagos?«
»Nein, nur mal angenommen.«
»Schade. Wenn es mir nicht gefällt, dann bin ich selber schuld. Du bist doch derjenige, der gerne Reisen plant.«
»Aber mit dir. Du magst keine Mücken, keine Kälte, keine Armut, kein schlechtes Essen, keine fremden Sprachen.«
»Darum musst ja auch du entscheiden. Wenn es deine Entscheidung ist, dann folge ich dir.«

Wenn wir unsere Vorstellungen voneinander nicht überwinden können, werden wir nie aneinander wachsen.

Herausforderung

Neulich waren wir zum Essen eingeladen, und Sven wollte einen scharfen Thai-Rindfleischsalat mitbringen. Er kaufte eine Packung geräuchertes Fleisch, und das sah so lecker aus, dass ich ihn fragte, ob ich eine Scheibe davon essen könnte. Es war nicht sehr viel in der Packung, aber ich dachte, vielleicht geht es ja, nur eine Scheibe, und ich fragte ihn: »Darf ich eine Scheibe essen?«

Also, ich fragte, und Sven verdrehte die Augen oder machte irgendetwas anderes Unwilliges und sagte: »Ich habe es satt, dass du immer meine Essenspläne boykottierst. Du siehst doch, dass es nicht genug ist, also warum fragst du?«

Ich sagte: »Ich kann das ganz im Ernst nicht einschätzen und habe gehofft, dass eine Scheibe für mich abfällt. Nur deshalb habe ich dich gefragt.«

Er sagte: »Wenn du schon so unbedingt eine Scheibe willst, obwohl offensichtlich nicht genug da ist, dann frag doch erst gar nicht, sondern nimm dir einfach eine. Das wäre wenigstens konsequent und richtig.«

Ich sagte: »Ich respektiere deine Pläne doch und möchte sie überhaupt nicht boykottieren. Deswegen habe ich dich ja auch gefragt und mir nicht einfach wortlos eine Scheibe genommen.«

Er sagte: »Was soll die Frage eigentlich, wenn du die Antwort eh schon kennst?«

Ich sagte: »Ich kenne die Antwort nicht, sonst würde ich dich doch erst gar nicht fragen.«

Er sagte: »Es wäre mir lieber, wenn du dir den Schinken einfach nehmen würdest.«

Ich sagte: »Mir wäre es lieber, du würdest einfach Nein sagen, und damit hat sich's.«

Er sagte: »Ich will mich nicht mit dir streiten.«

Ich sagte: »*Du* hast doch den ganzen Streit angefangen, nur weil du nicht mit einem klaren Nein auf meine Frage antworten kannst. Wir sind doch erwachsene Menschen. Wenn ich dich etwas frage, dann antworte mir. Aus.«

Er sagte: »Gerade weil wir erwachsene Menschen sind, müsstest du so weit mitdenken können, dass du diese Frage erst gar nicht zu stellen brauchst.«

Ich sagte: »Stell dir vor, ich kann eben nicht so weit denken. Wenn ich etwas will, dann versuch ich es zu kriegen. Ich frage, denn vielleicht gibt es ja doch eine Möglichkeit, und schließlich sind doch zwei Menschen dazu da, um sich auszutauschen.«

An dieser Stelle ungefähr, nachdem das ganze hundertmal hin und her ging, kam unser zwölfjähriger Sohn in die Küche und fragte: »Kann es wirklich sein, dass ihr euch seit einer halben Stunde um eine Scheibe Schinken streitet?«

Ich erklärte ihm, es geht nicht um den Schinken, sondern ums Prinzip. Der Hunger war mir schon lange vergangen.

Kurz und gut, ich habe keinen Schinken gegessen, obwohl Sven gesagt hat, »du kannst Schinken essen, wann immer du willst, so viel wie du willst, weil du ein erwachsener Mensch bist.« Ich habe mir das letzte Wort verkniffen, wie: »Und du kannst auf eine Frage einfach Nein antworten, wie ein erwachsener Mensch.«

Schließlich versöhnten wir uns. Sven machte den Salat, er war ganz köstlich, und es war genug für alle da.

Als ich am nächsten Tag den Kühlschrank aufmachte, lag da eine einsame Scheibe Schinken. Ich trug die Packung in sein Zimmer, triumphierend und sagte: »Ich kann es nicht fassen, ist das wahr, es ist tatsächlich eine Scheibe übrig geblieben?«

Und er sagte: »Nein, die habe ich nur für dich aufgehoben, mein Schatz.«

Fünf Dinge

Vor wenigen Tagen zankten wir uns wegen einer Lappalie. Da saßen wir wie in einem Ingmar-Bergman-Film am Esstisch und waren so unversöhnlich und kalt zueinander, dass wir am Ende darüber lachen mussten.

Elke und ich kommen aus einer Kultur des Streits und der Diskussion, wir sind stur und stolz, ich noch mehr als sie.

Wir wissen oft nicht, was wir uns voneinander wünschen, schreibt Verhaltensforscher Marshall B. Rosenberg. Wir wollen, dass der andere versteht, was uns fehlt, und wissen es oft selbst nicht. Und wenn wir »Ich liebe dich« sagen, bleiben wir ebenso undeutlich.

An dem Tag, an dem Elke und ich uns stritten, brachen wir den Bann unseres Zwists und beschlossen, jeder fünf Dinge aufzuschreiben, die wir uns voneinander wünschen. Und fünf Dinge, wofür wir uns lieben. Nicht mehr und nicht weniger. Es ist keine Liste für die Ewigkeit, sie ist nur ein Beispiel.

Was Elke sich von Sven wünscht:
1. Keine Lügen mehr.
2. Ich wünsche mir, dass du immer sofort und direkt sagst,

was du willst, und dass du nichts in dich hineinfrisst. Überhaupt: Dass du meinen Launen nicht gehorchst.
3. Dass du immer freundlich zu den Kindern bist. Und nicht diesen scharfen, humorlosen Ton, sondern ein liebendes Verhältnis.
4. Ich wünsche mir, dass du, wenn ich etwas frage, verstehst, dass ich mich unterhalten will und keine endgültige Antwort erwarte. Ebenso wenn ich Anweisungen gebe, will ich diskutieren.
5. Ich mag es, wenn du respektlose Witze über mich machst. Ich wünsche mir, dass du mich nicht so ernst nimmst.
6. Und ich wünsche mir, dass du nie denkst, ich will dir etwas Böses.
7. Und dass du bitte immer deine Schuhe im Haus ausziehst!

Was Sven sich von Elke wünscht:
1. Ich wünsche mir von dir, dass du mich immer aufheiterst, wenn ich zu ernst bin. Vor allem wünsche ich mir, dass du mich nicht zu ernst nimmst, sondern mich umarmst oder küsst und etwas Freundliches zu mir sagst. Und niemals denkst, ich denke, du wärest bösartig.
2. Dass du nicht alles besser weißt. Sag, was du denkst, und sag, was du dich wirklich fragst. Ohne dass es so aussieht, als gäbe es etwas zu meckern, so wie es deine Mutter gerne macht.
3. Ich wünsche mir mehr Freundlichkeit. Ehrlich gefühlte und gemeinte Anteilnahme und Freundlichkeit, und dass du z.B. verstehst, dass sandige Schuhe keinen Streit wert

sind, ebenso wenig wie Zigaretten, aufgegessene Süßigkeiten, oder dass ich mich mit deiner Freundin am Telefon unterhalte, bevor ich sie weiterreiche.
4. Ich wünsche mir, dass ich nicht ALLES aussprechen muss, was nötig oder offensichtlich ist. Dass ich dich nicht um ALLES bitten muss, nur weil du zu faul bist, darüber nachzudenken, und mir damit die unangenehmen Kleinigkeiten überlässt. Dass du verstehst, dass alles, was ich dir antue, mit dir tue und sage, aus Liebe geschieht. Auch wenn es manchmal egoistisch ist.

Elke: »Ja. Und was findest du gut an mir?«
Sven: »Willst nicht du zuerst?«
Elke: »Nein, sonst machst du mir wieder alles nach.«

Was Sven an Elke liebt:
1. Elke, ich liebe deine Klugheit, die oft sogar Weisheit ist, und die eine göttliche Gabe ist, weniger dein Verdienst. Zweifle nie an ihr. Deine Klugheit hat uns oft im Leben richtig geleitet.
2. Ich liebe deine Schönheit, die auch göttlich ist. Unfassbar, wie eine offensichtlich ewig schöne Frau auch eine fast perfekte schöne Seele hat.
3. Ich liebe deine Entschlusskraft. Dass du weißt, was du willst. Wie viele Menschen wissen nicht, was sie wollen. Du weißt es fast immer und bist ein leuchtendes Beispiel für andere.
4. Ich liebe deine Frechheit und deinen Humor. Ich liebe an dir deine Unverschämtheit. Dafür habe ich dich zualler-

erst geheiratet. Ich wusste, mit dir wird es nie langweilig. Du bist eine wahre Königin. Die müssen nämlich so sein.
5. Ich liebe an dir, dass du eine großartige Künstlerin bist. Du hast eine Stimme für viele. Du lachst, aber ob du tausend Bücher verkaufst oder dreißigtausend, jedes wird verschlungen.

Was Elke an Sven liebt:
1. Sven, ich liebe dich, weil du so stark bist, weil du mein Fels in der Brandung bist und dich nichts umwirft.
2. Ich liebe dich, weil du alles Kaputte wieder heil machen kannst, so wie du mich auch immer wieder reparierst.
3. Ich liebe dich, weil du immer die richtigen Worte für mich hast. Wenn ich nicht weiß, wie es weitergeht, weißt du es ganz sicher. Wenn ich hilflos bin, entwickelst du eine erstaunliche Weisheit und Führungskraft.
4. Ich liebe deine Energie und Tatkraft und deinen Optimismus und deinen Glauben daran, dass alles möglich ist. Das hat uns überhaupt erst so weit gebracht, du bist wie ein *Hummer Allradantrieb*, der uns durch jedes Gelände bringt.
5. Ich liebe es, wie du mit Menschen umgehst, wie du immer den richtigen Ton triffst und ihnen damit fast alles sagen kannst. Ich bewundere an dir, dass du echte Liebe und Anteilnahme für andere hast.
6. Ich liebe es, dass du ein so großzügiger Mensch bist, der an nichts festhält und der verzeihen kann.
7. Und ich liebe es, dass du so großartig bist, dass es

manchmal scheint, als wärst du nicht von dieser Welt. Ein Mann, den sich nur Gott ausgedacht haben kann und der manchmal etwas verloren in der Welt ist, weil seine Kriterien so himmlisch sind.

Sven: »Halt, ich bin schon ganz benommen!«
Elke: »Und willst du wissen, ob du ein guter Vater bist?«
Sven: »Vater, Liebhaber, Schriftsteller, Unterhosenträger, Surfer, Koch, Autofahrer und Masseur.«
Elke: »Alles, ja.«
Sven: »Warum haben wir uns noch mal gestritten?«

6 Liebe ist kein Gefühl

Oder warum die Liebe kein Kramladen ist

Die Liebe ist aber nur so viel wert, als sie Freundschaft enthält, aus der allein sie sich immer wieder herstellen kann. Mit der Liebe der üblichen Art wird man nur abgespeist, wenn es zur Freundschaft nicht reicht.

Bertolt Brecht

Liebe dich selbst

Elke und ich lieben Daniel Craig als neuen James Bond. Elke, weil er mir ähnlich sieht, nur dass sein Unterschichten-Englisch sexier klingt als meines. Ich mag ihn, weil er mir aus dem Herzen spricht als Einsamer, der die Welt retten muss. Als einer, der keinen hat, auf den er sich verlassen kann.

Früher wollte ich ein Gentleman sein wie Sean Connery, ein Hedonist, der das Abenteuer ebenso liebt wie einen Martini am Pool mit einem Babe. Daniel Craig zeigt die Wahrheit über James Bond. Seine Einsamkeit als Agent ist echt, er ist verloren, wie viele von uns, aber er ist zäh. Er zieht eine Sache durch für andere, die ihn später fallenlassen. Sein Charme sind seine traurigen Augen. Wenn er allein ist, starrt er regungslos aufs Meer, so wie ich oft an die Decke meines Zimmers starre, wenn das Leben keinen Auftrag für mich hat. Wir wissen mit uns selbst oft nichts anzufangen.

Elke sagt, ich solle Daniel Craig aus der Geschichte raushalten. Jeder James Bond hätte sich selbst geliebt und etwas mit sich anzufangen gewusst. Und ich würde doch auch nicht ratlos an die Decke starren, wenn ich allein bin, und schon gar nicht Daniel Craig, weder als Bond noch sonst wo.

Elke überschätzt Männer wie mich und James Bond. Wir leben in einer westlichen Welt mit beschädigtem Selbstwertgefühl. Alles ist relativ, und die Vorbilder wechseln zu schnell. Und wir wollen uns als Männer nicht selbst lieben, wie es heute von uns verlangt wird. Denn wir verachten den amerikanischen Egoismus, der da lautet: Verwöhn dich, nimm dich ernst, mach was aus dir, du bist es wert, super, weiter so, wachse über dich hinaus!

Wir verachten den postmodernen Konsens zu Beginn des Wassermannzeitalters. Wir können nichts anfangen mit einer Gesellschaft von Singles, die sich alle selber zu lieben versuchen.

Aber warum diese Härte?

Daniel als Bond war Waise. Ich musste früh meiner Mutter helfen. Nicht weil sie mich darum bat, sondern weil sie in Not war und ich wusste, dass sie mich in ihrer Katastrophenehe braucht.

Mein Stiefvater und ich waren vom ersten Tag an auf Kriegsfuß. Wir hatten nicht einmal eine diplomatische Ebene miteinander. Er fand mich vom ersten Tag an blöd, weich und mädchenhaft, und ich ihn arrogant und kindisch. Und ich hielt ihn für eine Nervensäge. Nur für meine Mutter schlossen wir manchmal Frieden und spielten Familie.

Ich war ihm nicht gewachsen. Er demontierte mich Tag für Tag, und ich konnte bei mir nur noch retten, was zu retten war, wie ein UN-Soldat. Ich hatte keine *licence to kill*.

Wenn ich vom Internat kam, räumte ich auf, spielte mit meinen neuen Schwestern, sabotierte die Speisekammer, indem ich die Reserven aß, die weiter hinten in den Regalen lagen. Ich beriet meine Mutter in allerlei Fragen, reparierte Küchenschränke und versuchte gute Stimmung zu machen, trotz der Wutausbrüche des neuen Mannes.

Ich bin heute noch manchmal der Partisan, der den Haushalt und die Erledigungen an sich reißt, der keinen Streit unter den Kindern duldet, der alles Unangenehme beseitigen muss wie ein Killer, der allein seinen Job macht, um seine Familie zu beschützen. Meine Einsamkeit ist eine Rolle, ein Verhaltensmuster, das ich jahrelang erprobt habe. Und wie jeder, der sich für einen Helden hält und von keinem anerkannt wird, lebte ich als Minderwertiger, der Gutes tut, um von anderen endlich geliebt zu werden.

Na und? Was hat das mit der Liebe heute zu tun?

Nun, ich habe gelernt, dass diese selbst gewählte Einsamkeit damit zu tun hat, dass ich mich selbst nicht lieben kann. Sich selbst lieben, klingt für mich immer noch zu sehr nach Selbstbefriedigung. Tief in meinem Inneren erkenne ich keinen Wert in mir. So wie James Bond bin auch ich in der absurden Situation, die Welt zu retten und von weitem dafür bewundert und geliebt zu werden, aber andererseits dafür die Schmutzarbeit erledigen zu müssen.

Meine Familie spürt, dass ich das Unangenehme nicht aus Liebe zu ihr von ihr fernhalte, sondern aus Mangel. Und ich wundere mich, warum viele meiner Liebesdienste mich so wütend machen. Warum ich manchmal vor Wut platzen könnte.

»Hey, könnt ihr euch mal bedanken?!«

»Wie, was?« Elke sah erschrocken auf, mein Sohn grinste verlegen und spielte weiter.

»Für was denn?«, fragte meine Tochter.

»Dafür, dass ich deinen Dreck wegräume, dir deine Schultasche hinterhertrage, dein Handy wiederfinde, die Steuer erledige, das Auto sauge und die Banane im Flur abkratze!«

»Das war ich nicht!«

»Egal. Sag danke!«

»Dankeee.« Sie verdrehte die Augen.

»... Sven?«

»Ja?«

»Müssen Väter das nicht sowieso machen?«

»Müssen sie das?«, fragte ich erstaunt.

»Weiß ich nicht. Mich stört's jedenfalls nicht.«

»Was stört dich nicht?«

»Dass du ständig aufräumst und Sachen erledigst.«

»Danke.«

»Gerne«, sagte sie und entließ mich.

»Mensch, ich bin Vater, Ehemann! Sven, keiner bittet dich darum zu leiden«, sagte ich laut zu mir, »sie sind sogar gelangweilt davon! Und Elke geht deine Selbstaufopferung auf die Nerven.«

»Müssen da nicht noch Zwiebeln rein?« Elke rührte in meinem Topf.

»Nein, ich koche es so. Sei froh, dass überhaupt jemand kocht.«

»Aber mit Zwiebeln schmeckt das Curry besser.«

»Es hat dir doch immer geschmeckt... Himmel! Jetzt ist es angebrannt. Nur weil du mich aus dem Rhythmus gebracht hast.«

Ich will allein der Koch sein, denn Liebe geht durch den Magen. Elke war sauer, statt mir dankbar zu sein. Am Tisch später sagte keiner etwas über die schwarzen Stücke im Curry. Jeder lobte mich tapfer und aß schnell auf.

»Hey hey hey!« Ich pfiff alle zurück und ließ sie ihre Teller selber abspülen. Ich will mehr Lob und Liebe.

»War echt gut«, sagte mein Sohn, weil er mich kennt.

»Ein bisschen verbrannt, oder?«

»Es ging so.«

»Es ging so? Willst du kochen?!«

»Sven, danke, dass du kochst!« Er klopfte mir auf die Schulter und ging. Er ist cool, er weiß, wie er meinen Stolz nicht verletzt, denn ich bin stolz. Das ist das Fatale. Ich habe ein beschädigtes Selbstwertgefühl, bin aber sehr, sehr stolz. Mein Stolz fordert die Liebe, mein Stolz lässt mich selbstsicher auftreten.

Aber wozu habe ich Frau und Kinder? Ich verdiene Liebe! Liebt mich! Sagt Daddy, wie toll er ist! Es ging mir lange nicht in den Kopf, dass ich mehr lieben muss, um mehr Liebe zu bekommen.

Wie oft dachte ich im Leben, dass ich, wenn ich in einer liebenden Familie aufgewachsen wäre, wenn meine Frau mich pausenlos lieben würde, wenn ich überschüttet würde mit Liebe, dann endlich entspannen und auch mehr lieben könnte. Also wirklich lieben, nicht durch den Magen oder durch Opfer, sondern direkt, wunderbar, wirklich etwas gebend.

Es ist eine alte Ausrede. Die Welt ist voller Menschen, die unbedingt den Armen etwas geben wollen. Sobald sie im Lotto gewonnen haben.

Die Hälfte der Weltbevölkerung lebt in dem Irrglauben, sie würden anderen etwas Gutes tun, wenn es ihnen besser ginge.

Andererseits kann man nicht lieben, wenn man sich nicht reich und geliebt fühlt. Denn dann liebt man nur mit halbem Herzen. Und die Schuld dafür gibt man anderen: Der Kindheit, der garstigen Frau, den aufsässigen Kindern, aber am Ende ist es nur die Unfähigkeit, sich selbst zu lieben.

Jahrelang habe ich Elke ein schlechtes Gewissen gemacht, weil sie sich gerne zurückzieht. Ich habe ihr das Gefühl gegeben, dass sie mich nicht wirklich liebt. Ich war sehr überzeugend. Ich gab gerne alles auf für sie, war der Superboy und eine Nervensäge. Wenn ich sie genug getriezt hatte mit ihrer angeblichen Lieblosigkeit, konnte ich sie trösten. Ihr Widerstand war gebrochen. Nur geändert hat es nie etwas.

Elke und ich haben vor Jahren beschlossen, nicht mehr schlecht über andere zu reden und anderen nicht mehr die Schuld zu geben. Beides hängt eng zusammen. Das Lästern und das Schuld geben. Beides macht einen größer auf Kosten anderer. In der Liebe ist es noch schwieriger, die Schwächen des anderen nicht auszunutzen. Und es ist noch schwieriger zu erkennen, dass es mit dem eigenen Defizit zu tun hat.

Ein Freund erzählte mir neulich, dass er seit kurzem wieder davon träumt, eine eigene Farm zu besitzen. Nach zehn Jahren in einer Sicherheitsfirma begann er wieder damit, Grundstücksanzeigen zu lesen und sich auf die Suche nach einer Farm zu machen, die er sich gar nicht leisten kann. Er hatte über diese zehn Jahre aufgegeben und nicht an sich und seine Träume geglaubt. Er hatte seine Träume nicht wahrgenommen, sich selbst nicht ernst genommen. Und diese zehn Jahre waren auch die schwersten in seiner Ehe. Zweimal haben sich seine Frau und die Kinder fast von ihm getrennt. Ohne den Traum von seiner Farm war er mürrisch, verschlossen, leer. Aber seit er wieder an seine Farm denkt, ist ein neuer Glanz in seinen Augen. Es wird ihm egal, wie unmöglich sein Traum scheint.

Auch ich hatte traumlose Jahre. Ich schlief viel, die Kraft verließ mich nach kurzer Zeit. Es fiel kaum einem auf, nur dass ich ständig müde aussah. Ich hatte diese traumlose Zeit vor Elke, aber auch als wir schon eine Familie waren, starrte ich manchmal ratlos aus dem Fenster auf die graue Wand, die zur Bibliothek in Berlin Schöneberg gehörte. Selbst meine Familie konnte mir nicht all das nötige Selbstwertgefühl geben, das mir fehlte. Im Gegenteil: Ich hatte eher das Gefühl, dass sich mein Mangel an Selbstwertgefühl verdoppelte.

Das Geheimnis lag in der Angst. In der Vorstellung von brutaler Knappheit. Von zu kurz kommen. Nackt sein. Keiner kleidet einen ein, keiner kümmert sich um einen.

»Warum liebt mich keiner?!«, rief mein bester Freund damals nach der Schule. Er konnte es kaum erwarten ZU LEBEN. Er konnte es kaum erwarten, die Sahne vom Leben abzuschöpfen. Egal wie. Er irrt heute noch herum und sucht nach einer Aufgabe, die ihn erfüllt.

»Alles, was ich je wollte, war, geliebt zu werden«, stellte neulich ein Bekannter von uns fest. Er sagte es bei heruntergekurbeltem Autofenster und grinste. Seine Frau war eben dabei, sich von ihm scheiden zu lassen, weil er sie nie wirklich geliebt hatte.

Der Unterschied zwischen Geliebtwerdenwollen und Lieben liegt darin, ob man eine Beziehung haben will oder eine Liebe.

Die Beziehung ist ein Arrangement. Eine Beziehung kann man zu seinen Kindern haben, zu seiner Arbeit, zu seiner Frau, zum Leben. Auch China und Malta haben eine Beziehung.

Eine Beziehung hat einen Zweck. Und ohne Liebe ist sie ein Mangel an Leidenschaft. Sie ist die Billigversion von Liebe, die Schokolade aus Kakaoersatz, der usbekische iPod ohne Akku und ohne Lautstärkeregler. Selbst in dem Wort *Liebesbeziehung* steckt noch ein Zweifel, als könnten beide nur Teilzeit lieben, weil jeder nur ein halber Mensch ist. Die eine Hälfte achtet ängstlich darauf, ja nicht zu kurz zu kommen, die andere versucht, selbstlos zu lieben.

Das Seltsame an Beziehungen ist, dass sie im Vergleich zur Liebe kompliziert sind. Liebe hingegen ist schlicht, brutal einfach, selbstlos. Liebe ist nackt sein und doch alles geben.

Beziehungen sind umständlich wie eine Steuererklärung. Und wenn man über Beziehungen spricht, wird gerne eine Kriegssprache benutzt, die von »Grenzen« handelt, davon, »die Zukunft in Angriff zu nehmen« und davon, »einen Waffenstillstand zu versuchen«. Anders als in der Liebe fehlt in Beziehungen oft das Vertrauen, das Grund- oder Urvertrauen, welches mit der Liebe einhergeht.

Beziehungen müssen nicht ohne Liebe sein, aber die Angst, zu kurz zu kommen, ist in ihnen stärker als in der Liebe.

Die Mutter von einem Spielfreund unseres Sohnes erzählt mir gerne von ihrem verrückten Exmann, den sie noch liebt und doch fürchtet. Neulich sagte sie mir, sie vermisse sogar seine Beleidigungen, seine Unfreundlichkeit. Sie vermisse es, ihn sauer und betrunken vor dem Fernseher sitzen zu sehen. Sie vermisse seine Anrufe und seine Beschimpfungen, wie dumm sie doch sei. Abgesehen davon vermisse sie natürlich auch seine guten Seiten.

Sie kämpft gegen die Leere an. Sie hat Angst. Alles Schlechte in ihrer Beziehung war wenigstens leidenschaftlich, furchtbar und anstrengend gewesen. Nun war da nichts mehr.

Vor kurzem war sie erleichtert, als er anrief und sie aus Sentimentalität als Schlampe und Versagerin beschimpfte. Es war fast eine Liebeserklärung. Oder besser gesagt: eine Beziehungserklärung.

Liebe dagegen ist so radikal, dass es wehtut. Oder wie unsere Freundin Mari schrieb: »Der Liebe zu begegnen, war für mich letztlich die Entdeckung der perfekten Lebensform, weil man hier nicht aufrechnet. Man verschwendet sich und das, was man hat.«

Meine größere Schwester lebt in einer festen Beziehung mit einem schweigsamen Technomusiker, meine kleinere Schwester hat eine Fernbeziehung mit einer Mexikanerin. Liebe ist ein schwieriges Thema.

Die große Schwester und ihr finnischer Freund schlagen sich regelrecht um Liebe. Ohne Absicht. Es passiert einfach.

Sie streiten sich darum, wer von beiden das größere Opfer im Leben ist, und dahinter steckt wie bei vielen Menschen eine Menge Wut und Verzweiflung.

Als sie mich vor einiger Zeit anrief und erzählte, dass sie ja jemanden hat, der ihr als ewigem Opfer Konkurrenz macht, musste sie selbst am Telefon darüber lachen.

Meine Schwestern und ich waren über Jahre hinweg eng zusammen. Ich liebte sie als Kinder wirklich selbstlos, ich war ihr Ersatzvater, und doch wurden sie beide Opfer ihres Vaters. Seine aufsässige Art, die Familie zu terrorisieren, hat beide, so wie mich, lange eingeschüchtert und beherrscht.

Meine jüngere Schwester läuft ihrer Liebe hinterher, die ständig auf Reisen ist. Sie wartet, ist geduldig, nachsichtig, so wie sie es immer war, sie hilft gerne.

Nein, hat sie oft beteuert, es macht ihr nichts aus, dass ihre Freundin ein halbes Jahr weg ist. Stattdessen hat sie die Bude voll mit Bekannten, die ihr ihre Probleme erzählen und sie zujammern mit ihren Beziehungsproblemen.

Neulich rief sie an und sagte, dass sie jetzt genug von dem Scheiß anderer Leute hat und dass sie jetzt nach Norwegen zu ihrer Freundin fliegt, die als Sängerin auf einer Ölplattform arbeitet.

Sie lernt endlich, sich selbst ernst zu nehmen, so wie meine ältere Schwester verstehen lernt, wie anstrengend Opfertypen für andere sind.

Auch sie müssen sich entscheiden, ob sie nur eine Beziehung wollen oder Liebe. Beide haben wie ich eine tiefe Unsicherheit aus ihrer Kindheit mitgenommen. Beide kämpfen auf ihre Art darum, geliebt zu werden. Und beide lernen es zu lieben, hoffe ich, und sich aus unsicheren Zweckbeziehungen zu befreien.

Das Schwierige ist, dass Liebe so wenig mit Nehmen zu tun hat. Wer glaubt schon ernsthaft, dass einem wärmer wird, nachdem man nackt in ein Eisloch gesprungen ist. Liebe funktioniert nur, wenn man alles geben will, erst dann erfüllt sie einen.

Ich schrieb meiner großen Schwester vor ein paar Nächten, dass ich sie sehr liebe. Dass sie geliebt wird, dass sie sich lieben lassen muss. Und dass jedes Paar die Fähigkeit hat zu einer echten Liebe. Dass Liebe in einer unfassbaren Menge vorhanden ist. Nur unsere Angst, unsere Gier macht sie klein.

Es ist nicht ohne göttlichen Humor, dass sie jemanden gefunden hat, der ihr Konkurrenz macht in ihren Schwächen. So wie ich an Elke geraten bin, die die Letzte ist, die meinem einseitigen Liebesbedürfnis nachkommen will. Es kommt nicht von irgendwo, dass meine kleine Schwester an Menschen gerät, die sie ausnutzen. Sie ist zu gutmütig. Sie muss ihrer Liebe nachreisen. Sie muss auf ihr bestehen.

Ich schrieb ihr, dass das Leben – wie jedes gute Spiel – Hürden mit großem Schwierigkeitsgrad hat, die nur schwer zu überwinden sind. Einfach wäre langweilig. Einfach wäre für mich gewesen: Elke und ich vertragen uns und haben eine gute Beziehung. Wir tolerieren unsere Macken und finden da zusammen, wo wir uns verstehen. So wie der Einsiedlerkrebs und die Muschel einander symbiotisch nutzen. Einfach wäre: parallel nebeneinanderher zu leben. Schwierig ist es, wie in einem Dreieck gemeinsam auf ein Ziel zuzugehen, auf die Liebe zu, und sich dabei immer näher zu kommen. Das ist hart. Ein Ideal anzustreben, das kein autonomes Ich mehr zulässt. Es widerspricht allen Überlebensreflexen, und darüber hinaus fehlt jede Sicherheit dabei.

Was ich auch heute noch spüre, wenn ich ungewollte Liebesdienste mache, ist etwas, das ich meinen Schwestern sagen will:

Denjenigen, den man liebt, den interessiert es nicht, was man für einen Mangel hat. Das eigene Leiden, den eigenen Seelenschaden will der Geliebte nicht miterleben. Hart, aber wahr. In der Liebe will man ohne Ausnahme geliebt werden. Und man will jemanden lieben, der davon aufblüht, man will nicht dessen Wunden lecken.

Was ich meinen Schwestern sagen will, ist, dass ich durch sie selbstlos lieben lernte, und später dann durch meine eigenen Kinder.

»Mein Geliebter ist mein, und ich bin mein Geliebter«, heißt es in Salomons Hohelied, das eine ausschweifende, erotische Liebeserklärung des Königs ist, dem es an nichts fehlte. Das Lied an die Liebe ist sowohl an Gott gerichtet als auch an einen geliebten Menschen. Die Liebe ist in ihrer höchsten Form gleich. Das Glück des Geliebten wird zum eigenen Glück.

»Wenn du mehr Liebe willst, liebe mehr«, sagte ich zu unserem Bekannten, der gerne vor unserem Haus stehen bleibt und aus seinem Auto ein Schwätzchen mit uns hält.

»Wie? Wie kann ich denn mehr lieben, wenn keine Sau mich liebt?«, antwortete er.

»Ehrlich gesagt, keine Ahnung, wie genau das geht«, sagte ich.

Er grinste und fuhr davon. Danach fiel mir ein, dass er Kinder hat wie ich. Und er liebt seine Kinder. Er liebt sie über alles. Woher also kommt diese Liebe?

Und wenn wir schon unsere Kinder lieben und für sie sterben würden, was könnten wir alles für die Ehe tun, für die große Liebe?

Eine gute Freundin erzählte von einer Audienz beim Dalai Lama, bei der es um die Liebe ging.

»Aber müssen wir uns denn nicht erst mal selbst lieben?«, bemerkte eine Deutsche aus dem Publikum. Der Dalai Lama schien irritiert.

»Wie kann man sich denn selbst nicht lieben?«, war seine Gegenfrage.

Er sprach nicht von gesundem Egoismus. Man liebt sich selbst, indem man andere liebt.

Wir sind eins. Wenn wir den anderen bedingungslos lieben, lieben wir auch uns selbst.

Disziplin und Fokus

Es gab Zeiten in meinem Leben, da lag ich tagelang im Bett, gelähmt von den Ansprüchen und den Forderungen, die ich an mich stellte.

Einen Roman schreiben. Ein Kind bekommen und großziehen.

Einen Mann mein Leben lang lieben. Ein besserer Mensch werden. Die Welt retten, die Wohnung aufräumen.

Aufgaben, die als Ganzes betrachtet überwältigend erschienen. Zum Scheitern verurteilt.

Wozu aufstehen, wenn alles, was ich mir vorgenommen hatte, unmöglich zu schaffen war.

Ich wollte Ergebnisse sehen, sofort. Wenn ich schon die Anstrengung unternahm, etwas zu beginnen, mit all den Hoffnungen und Erwartungen, die damit verbunden waren, dann wollte ich auch die Garantie, dass es mir gelingen würde.

Wozu – möglicherweise vergeblich – all die Kraft, Hoffnung und Zeit in etwas investieren, das am Ende nicht gelingen würde. Mir schien, als hätte ich nur eine begrenzte Menge von Energie, mit der ich haushalten musste; wäre sie einmal verbraucht, hätte ich keine Kraft mehr, und da ich wirklich Großes vorhatte mit meinem Leben, musste ich sichergehen, wofür ich meine Zeit und Energie aufwandte. Daher tat ich lieber nichts als das Falsche, und so verging die Zeit.

Ich dachte immer, etwas Großes wird passieren, es wird kommen, und ich verharrte in Erstarrung, die Augen in die Ferne gerichtet, bis ich irgendwann begriff, dass große Werke in unzähligen kleinen Schritten getan werden.

Nach wie vor bin ich fest entschlossen, kein mittelmäßiges, nicht einmal ein einigermaßen gutes Leben führen zu wollen, sondern ein exzellentes. In jedem Bereich.

Kein Tag soll vergehen, an dem ich nicht etwas dazulerne, ein besserer Mensch werde.

Ich lehne es ab, bis zum Ende meines Lebens derselbe Mensch zu bleiben, der immer älter wird und langsam zerfällt.

Ich möchte der bestmögliche Mensch werden. Für mich und für andere. Ich möchte eine Freude und Inspiration für jeden sein, der mir begegnet. So wird jeder Tag zu einer Mission. Ich möchte jeden Tag mit größtmöglicher Freude und innerem Frieden genießen.

Ich will die bestmögliche Ehe haben. Ich möchte Sven jeden Tag ein wenig mehr lieben. Jeder Tag soll uns näherbringen.

Ich bin weit entfernt von diesem Ideal. Die meisten Tage laufen nicht besonders gut, und im Moment habe ich sogar das Gefühl festzustecken. Ich schreibe über mich mit einer Offenheit, wie ich es noch nie getan habe. Es macht mir Angst, und ich zweifle, ob das irgendjemandem hilfreich sein kann.

Ich habe keine Ahnung, wohin das führen wird. Ich schreibe trotzdem, jeden Tag, egal wie ich mich fühle, egal wie viel Angst es mir macht und wie viel Zweifel ich habe. Möglicherweise wird das nie ein Mensch zu lesen bekommen, aber ich habe jeden Tag alles gegeben und kann mir nicht vorwerfen, es nicht versucht zu haben.

Eines habe ich beim Bücherschreiben gelernt: Jeden Tag eine Seite ergibt irgendwann ein Buch.

Die häufigste Reaktion von Leuten, wenn sie hören, welchen Beruf ich habe, ist die: »Also, ich könnte das nicht, braucht man da nicht unglaublich viel Disziplin?«

Ich sage dann: »Daran denke ich gar nicht. Ich schreibe. Das ist, was ich tue. Das stelle ich nicht jeden Tag aufs Neue in Frage. Darüber denke ich nicht nach. Ich stehe auf und schreibe. Im besten Fall. Je selbstverständlicher ich in dieser Routine bin, desto einfacher ist es für mich zu schreiben.«

Ich liebe meine Arbeit, Schreiben ist mein größtes Glück, wenn am Ende ein Gedanke dasteht, der mich selbst überrascht, wenn meine Figuren anfangen, ihre Geschichte in die Hand zu nehmen. Es ist nicht immer einfach, es gibt Zeiten, da kämpfe ich und quäle mich, aber ich möchte mir das für nichts in der Welt nehmen lassen, und das Gleiche gilt für meine Liebe.

Vor vier Jahren hatte ich eine böse Depression. Ich schleppte mich durch den Tag, an guten Tagen versuchte ich ein paar Sätze zu schreiben, hörte aber schnell wieder damit auf und war danach noch unzufriedener und frustrierter und traute mich nicht mehr an den Computer, um nicht noch deprimierter zu werden.

Abends lag ich mit ausgestrecktem Arm und der Fernbedienung in der Hand auf meiner nachtblauen Chaiselongue und zappte mich durch die Programme, bis mir die Augen zufielen.

Sven saß in seinem Zimmer, rauchte, trank Whiskey und hörte traurige Musik.

Ich wachte morgens auf und dachte: Ist das Schreiben das Richtige für mich? Was ist, wenn ich mich getäuscht hatte? Bin ich gut genug? Sollte ich wirklich weiter schreiben? Wirklich?

Irgendwann begriff ich, was geschehen war. Meine Depression hatte nichts mit meiner Arbeit zu tun. Ich hatte mich gehen lassen. Ich hatte erlaubt, dass negative Gefühle das angriffen und zerstörten, was mir am wertvollsten war.

Ich hatte nicht nur mein Leben und meine Arbeit vernachlässigt, sondern auch meine Kinder und meinen Mann. Anstatt mit Sven die Abende zu verbringen, mit ihm zu reden, Wein zu trinken und Musik zu hören, mich von ihm aufmuntern und inspirieren zu lassen, was er so gut kann, betrog ich ihn mit einem Fernseher und einem miserablen Programm dazu.

Anstatt mit ganzer Kraft all das zu tun, was gut für mich gewesen wäre, war ich dabei, das zu verlieren, was mir unschätzbar viel bedeutete.

Disziplin spielt in diesem Zusammenhang eine große Rolle. Ich muss mich nicht disziplinieren, etwas zu tun, was mir Freude macht, aber ich muss mich täglich disziplinieren, meine Freude und Liebe zu erhalten.

Und das gelingt mir, indem ich meine Gedanken, Worte und Taten kontrolliere.

Ich kann daran zweifeln, ob es gut für mich ist, jede Nacht vor dem Fernseher einzuschlafen oder mittags drei Flaschen Bier zu trinken (nicht dass ich das gemacht hätte) oder das letzte Geld für ein Paar Schuhe auszugeben. Aber ich zweifle nicht daran, dass es richtig ist, das zu tun, was ich am meisten liebe. Genauso wenig wie ich daran zweifle, dass es richtig war, meine Kinder zu bekommen oder Sven zu lieben.

Meine Liebe, meine Kinder, das Schreiben – in meinem Leben gibt es nichts Wichtigeres. Und es wird auch nicht in Frage gestellt. Meine Familie und meine Arbeit sind mein Fundament, das ich mit aller Kraft beschützen muss.

Ich darf nicht zulassen, dass ein dahergelaufenes Gefühl meine Arbeit oder meine Liebe zerstört. Ich schreibe, und ich liebe, egal wie ich mich gerade fühle. Ich mache es trotzdem. Das ist Disziplin.

Ich muss mein Leben und meine Liebe vor Zweifeln, Faulheit, Nachlässigkeit und durchgedrehten Hormonen schützen. Ich weiß, dass ich diesen Gefühlen nicht nachgeben darf. Ich weiß, dass ich, wenn sich diese Gefühle einschleichen wollen, meinen Fokus mit aller Kraft umlenken muss, um nicht von der Finsternis aufgesaugt zu werden.

Bevor ich das begriffen hatte, habe ich oft den Fokus verloren und konzentrierte mich auf das, was mich in meinem Leben und in der Liebe störte.

Wenn Sven und ich uns nicht so gut verstanden, suchte ich nach Gründen, warum das so war. Natürlich suchte ich sie bei ihm.

Wenn ich unzufrieden war, suchte ich nach Gründen in meiner Umgebung. Ein bellender Hund oder Bauarbeitenlärm hielten mich vom Schreiben ab. Die Wohnung war zu laut, zu hell, zu dunkel, zu kalt, zu warm...

Wenn ich anfing, alle Gründe aufzuzählen, kamen immer mehr dazu, und ich kämpfte gegen alles an, was meinem Glück im Weg stand. Aber je mehr ich mich darauf konzentrierte, was mich störte, desto bestimmender wurde es, und ich war nahe daran zuzulassen, dass unfreundliche Menschen, ein bellender Hund oder ein Lüftungsgeräusch mein Glück zerstörten. Es gab Tage, da ging ich aus dem Haus und kam weinend wieder zurück, weil mich ein Mann auf der Straße angerempelt hatte.

Meistens war ich mit mir selbst unzufrieden. Das Schreiben lief nicht so, wie ich es wollte. Es fehlte mir an Aufregung und Abwechslung, jemand hatte mich schlecht behandelt, ich bekam nicht genug Zuspruch und Anerkennung.

Oft lag der Grund meiner Unzufriedenheit auch darin, dass sich mein Leben und die Menschen um mich herum nicht meinen Vorstellungen und Ansprüchen fügten oder dass ich selbst nicht meinen Ansprüchen genügte.

Erst zerfleischte ich mich selbst, und dann stürzte ich mich auf die Menschen, die mir am nächsten waren. Ich machte mich und meine Liebe zum Opfer meiner Gefühle. Ich ärgerte mich, weil ich so schwach und selbstzerstörerisch war. Ich konnte mich nicht leiden und begann meine Umgebung zu hassen.

Wenn ich mit dem Schreiben keine Probleme hatte und auch sonst alles gut lief, fühlte ich mich wohl, und ich fand mich und auch alle um mich herum wunderbar. Ich liebte mich, ich liebte das Leben und die Menschen.

Wenn ich mich schwach fühlte, konnte ich Schwäche bei anderen nicht ertragen, besonders nicht bei meinem Mann.

Die Welt um mich herum war nichts anderes als die Projektion meines Innenlebens. Fühlte ich mich schlecht behandelt, fand ich bestimmt jemanden, der mich wirklich schlecht behandelte. Fühlte ich mich ungeliebt, vergraulte ich meine Freunde und benahm mich so, dass es anderen schwerfiel, mich zu lieben.

Die Voraussetzung dafür, meinen Mann zu lieben, war, dass ich mich selbst liebte. Aber wenn ich mich nur dann lieben kann, wenn andere mich lieben, wird es schwierig mit der Liebe. Wenn ich mich selbst nicht leiden konnte, konnte ich auch sonst niemanden leiden. Und umgekehrt.

Die Liebe wird so zu einem fragilen Zustand, der jederzeit durch äußere Umstände zusammenbrechen kann.

Ich bin Melancholikerin. Und damals gehörte eine gewisse Traurigkeit in mein Leben, damit ich mich lebendig fühlte, damit ich meine Existenz spürte. Auch meine Lieben mussten in gewisser Weise tragisch sein, damit ich sie als wahr und tief empfand. Existenzerschütternd.

Ich wollte glücklich sein und war mit aller Kraft unglücklich. Irgendwann hatte ich es satt, unglücklich zu sein, aber ich wusste nicht, wie man glücklich wird.

Ich wollte, dass mein Leben sich veränderte, ohne dass ich mich verändern musste. Veränderung machte mir Angst. Sie fühlte sich an wie Verrat. Mich von alten Ansichten und Vorstellungen zu trennen, bedeutete, mein ganzes Leben in Frage zu stellen. Mich zu verändern, bedeutete, den Blick auf die Welt zu verändern.

Die Wahrheit war, ich würde nie glücklich werden, wenn ich mich nicht änderte. Anstatt meinen Blick auf das zu lenken, was mich störte, musste ich danach suchen, was mir Freude machte.

Wenn man nicht aufpasst, geht die Liebe im Laufe der Zeit verloren – wie bei einem Pullover, bei dem ein Faden heraushängt, und man geht immer weiter und weiter und merkt nicht, wie in einem Witzfilm, dass man sich mit jedem Schritt entkleidet, weil man so auf seinen Weg konzentriert ist, und irgendwann beginnt man zu frieren, und es wird immer kälter, und spätestens, wenn man nackt dasteht, begreift man, was man verloren hat.

Wenn ich zu frösteln beginne, muss ich sofort stehen bleiben und den Schaden beheben.

Es sind selten die großen Dramen, die eine Liebe zerbrechen lassen, sondern vielmehr die unzähligen kleinen Auseinandersetzungen, die Variationen des immergleichen Themas.

Wenn ich anfange, mich an Kleinigkeiten zu stören, ist das ein Zeichen dafür, dass ich etwas verloren habe, das ich dringend wieder zurückholen muss.

Ich muss den Faden bis zu seinem Anfang zurückverfolgen, um meine Liebe wiederzufinden. Ich muss mich daran erinnern, wie es war, als Sven und ich uns kennenlernten, warum ich mich in ihn verliebte und warum ich mich entschieden habe, ihn immer zu lieben.

Ich muss mir mein Ideal vor Augen halten, anstatt mich in Kleinlichkeiten und schlechten Angewohnheiten zu verlieren. Ich muss mir wieder bewusst darüber werden, dass ich in meinem Herzen die Gewissheit trage, dass er einen besonderen Platz in meinem Leben hat. Ich muss daran glauben, dass wir uns haben, um über uns hinauszuwachsen. Dass unsere Liebe etwas so Großes und Einmaliges ist, wie zwei Menschen einzig und einmalig sind, die in Liebe zusammenkommen, und dass wir unsere Liebe mit aller Kraft beschützen müssen.

Neulich hörte ich, wie jemand sagte, dass wir glücklicherweise heutzutage die Möglichkeit haben, uns zu trennen, und ich dachte, genau das ist das Drama. Wir können gehen, wenn uns was nicht passt, wenn es zu schwierig wird. Dann finden wir jemand anderen und fangen wieder von vorne an. Und weil wir nichts lernen, wenn wir gehen, scheitern wir das nächste Mal an einem anderen Punkt und fangen wieder von vorne an.

Ich habe oft genug von vorne angefangen, um zu wissen, dass sich alles immer nur wiederholt. Man kann das zum Prinzip machen und sich alle paar Jahre trennen und wieder neu verlieben.

Jemand gebrauchte einmal das Bild von zwei farbigen Papieren, die man aneinanderklebt und wieder auseinanderreißt. Auf jeder Seite bleibt etwas Farbe und Papier von dem anderen hängen. Das ist es, was passiert, wenn man sich liebt und trennt. Dann klebt man sich wieder an ein anders farbiges Papier und man verliert bei der Trennung mehr Farbe, und mehr andere Farbe bleibt am eigenen Blatt kleben.

Die Tochter

Ich wollte auch das Leben, das unser Freund Michael lebte. Er verführte mühelos die schönsten Frauen. Er sagte nie Nein zu einem Abenteuer, ganz gleich ob es sich um eine Kollegin handelte, die gerade unglücklich war und Trost suchte, oder um die blonde Brasilianerin, die ihn vor einer Bar nach dem Weg fragte, oder um die lustige Matrone an der Kasse des Wettschalters für Pferderennen. Er konnte, ohne sich zu verstellen, in vielen Frauen die Sehnsucht nach etwas leicht Verbotenem wecken, das doch liebevoll war.

Alle waren glücklich damit. Nur seine Freundinnen nicht. Die eine riss ihm Haare aus, die andere verließ ihn, eine dritte sprang vor ein Auto und überlebte.

Das traf den unerschütterlichen Sanguiniker zutiefst. Das verwirrte einen Mann, der sich nie beschwerte und glaubte, immer das Beste für andere zu tun.

Michael lügt nie, er spricht nie schlecht über andere, er hält seine Versprechen, er ist der integerste Mensch, den man sich vorstellen kann. Darüber hinaus ist er der loyalste Freund und der beste Vater. Man ist immer gut gelaunt mit ihm, er ist klug und will vom Weinen nichts wissen.

Und genauso wenig wie ich konnte Michael lange nicht verstehen, was Freundschaft in der Liebe zu suchen hat.

Der griechische Begriff für Freundschaft, Zuneigung und Treue ist *Philia*. *Eros* bedeutet Liebe, Begehren und Erkunden. Lange Zeit dachte ich, dass *Philia* und *Eros* grundverschiedene Formen der Liebe sind.

Michael und ich waren uns einig: In der Liebe gibt es dieses gewisse Etwas, ein Geheimnis, etwas abenteuerlich Verbotenes, das die Liebe am Laufen hält. Und Michael liebte seine Freundinnen deswegen nicht weniger. Jedenfalls glaubte er das.

Michael tat, was ich nur dachte. Er lebte frei in der Liebe, jagte den *Eros*, der überall war. Mir fehlte das Unbeirrbare von Michael. Außerdem verliebte ich mich nicht so leicht, weil ich Elke liebte und immer noch liebe.

Michael hat über die Freiheit der Liebe sogar Lieder geschrieben und gesungen. Er war der King des Unkonventionellen, witzig und wild. Und plötzlich waren die Abenteuer vorbei.

»Ich habe mir geschworen aufzuhören, wenn es eine Tochter wird«, erklärte er mir letztes Jahr. Er war mit seiner dritten großen Liebe zusammen, hatte einen hübschen Sohn aus der zweiten großen Liebe und wurde wieder Vater.

»Warum?«, fragte ich ihn leicht enttäuscht.

»Sie ist nicht einmal eifersüchtig.«

»Wer?«

»Anja. Sie hält mich nur für schwach.«

»Schwach?« Was war an seinen Liebesabenteuern schwach?

Er war verwirrt. Er hatte eine Freundin, die er liebte, bei

der er noch nach einem Jahr das Kribbeln bekam, wenn er nur an sie dachte. Und sie lachte nur über seine Affären. Sie fand sie schlicht albern.

»Und sie hat dir nicht die Haare ausgerissen?«

»Nein.« Michael war ebenso enttäuscht.

Michael hat schon einige Schwüre in seinem Leben getan und gehalten. Wie er auf diesen kam, wusste er selbst nicht. Er verriet mir nicht, wem oder auf was er geschworen hatte. Aber der Schwur galt, schon allein, weil Michael ein Mensch ist, der seiner Seele treu ist. Das stand fest: Wenn es eine Tochter wird, hört er auf.

Er bekam eine Tochter. Eine wunderbare, bildschöne Tochter und war glücklich. Er begann die Größe der Liebe zu verstehen. Er begann eine lebenslange Affäre mit seiner Familie.

Vielleicht hat er auch verstanden, was mir in den letzten Jahren aufging. Dass seine unerschöpfliche Energie zu lieben gerade für die große Liebe zu seinen Kindern und seiner Frau reichen würde.

War Michael vorher frei? War seine Liebe frei? Michael und ich haben den gleichen Weg hinter uns, auf verschiedene Weise. Wir beide glauben an die Heiligkeit des Eros, der Liebe und des Sex.

Ich hatte genug Freundinnen gehabt, um zu wissen, dass ich ihre Schönheit anbetete, ihr Geheimnis, unser Zusammensein und das, was ich fürs Erkennen hielt: das Aufeinanderprallen, emotional, seelisch, körperlich.

Die Freundschaft zwischen Michael und mir war etwas ganz anderes. Das war Zuneigung, Sympathie, Seelenverwandtschaft, Treue, unerregend, unerotisch, unabenteuerlich.

Michael und ich sind durchaus immer freundschaftlich gewesen in unseren Lieben, aber der Wunsch nach Abenteuern verbot uns das bloße, unaufregende Zusammensein in der Liebe. Darum haben unsere Lieben nie gehalten.

Viele Lieben enden so: Aufgeregtes Verliebtsein, Liebe gewinnt an Tiefe, Sex lässt nach, man geht sich auf die Nerven, wird ein Paar von erschreckender Normalität und rutscht ab in eine Fremdheit.

In der Liebe steckt ein weit größeres Abenteuer, auch wenn es sich nicht so anfühlt. Die Freundschaft, die mit der Liebe wächst, ist so unaufgeregt wie ein schlafender Bernhardiner. Ein riesiger, haariger Haufen Freundschaft.

Michael und ich sind keine ruppigen Männer, die ihre quietschenden Frauen an sich drücken, um sie auszuführen, auszuziehen, auszunutzen, ohne vorher zu fragen. Wir lieben starke Frauen. Deswegen war in unseren Beziehungen durchaus immer Freundschaft dabei, ebenso wie Anerkennung, Neugierde und Verbundenheit. Aber es war eine andere Art von Freundschaft, sie war ganz anders als die Freundschaft, die mich und Michael verbindet.

Ich habe Jahre gebraucht, um mich mit Elke anzufreunden. Sie zwang mich dazu, obwohl ich der Vorstellung, mit Elke befreundet zu sein, mit aller Kraft zu widerstreben suchte: »Hey, Moment mal, wir sind Liebende, keine Freunde«, sagte ich zu ihr. Ich liebte sie zu sehr, ich begehrte sie zu sehr, um mit ihr befreundet zu sein, um *nur* mit ihr befreundet zu sein, denn so fühlte es sich für mich an.

Mit Freunden kann man schweigen. Mit Lieben nicht. Solche Dinge dachte ich, auch aus Furcht vor dem Verlust der Liebe. Kommt erst mal Freundschaft ins Spiel, dann ist da kein Begehren mehr, kein Zauber, der vom anderen ausgeht, keine Wildheit in der Zuneigung, der irrationalen Zuneigung, die die Freundschaft nicht kennt.

Aus genau diesem Grund bin ich nicht, wie viele, mit meinen alten Lieben freundschaftlich verblieben. Schon der Gedanke daran widerte mich an. *Wir können Freunde bleiben.* Eine abartige Vorstellung. Gerade hat man sich noch geliebt, jetzt wird mindestens verachtet, bitte. Gehasst, wenn schon, mit Leidenschaft.

Leidenschaft ist der Schlüssel zu diesem Irrtum. Leidenschaft hat nur im Deutschen das Leiden im Wort, der Schmerz hingegen wird in allen Sprachen assoziiert. Und dieser Schmerz erhält die Liebe, denkt man. Ist das etwas Männliches? Vielleicht. Andererseits schrieb Elke, dass bei ihr zur Liebe immer Unglück dazugehörte. Herzschmerz.

Wenn ich laufe oder schwimme, dann mit Leidenschaft und Ungeduld. Ich ziehe die ersten Bahnen schnell, danach falle ich in einen Rhythmus, der mich trägt. Die Leidenschaft verwandelt sich in Ruhe, immer noch kraftvoll, aber meditativ, nicht nervös und euphorisch wie am Anfang. In der Liebe ist es ebenso.

Da ich nie aufgehört habe, Elke zu lieben, entwickelte sich all meine Leidenschaft für sie zu einem ruhigen Rhythmus, kaum noch wahrnehmbar, meditativ und kraftvoll. Ab und zu packte es mich, und ich fragte mich, warum wir uns nicht nervös und euphorisch lieben konnten wie am Anfang.

Ich schätze erst jetzt unsere Freundschaft, die in der Liebe liegt. Ich verstehe erst jetzt, dass diese Freundschaft unsere Liebe groß gemacht hat. Sie wäre sonst immer noch eine nervöse Affäre, so wie manche Paare sie zur Erschöpfung zelebrieren, indem sie sich unversöhnlich zerstreiten, um sich dann wieder unfassbar ineinander zu verlieben.

Die Geschichte von Michael ist deswegen so bezeichnend, weil er ein loyaler Freund ist, ein außergewöhnlicher Freund, ein Meister der Freundschaft. Nur dass er nie auf die Idee kam, dieselbe Aufrichtigkeit und Treue, die er in der Freundschaft aufbrachte, in die Liebe einzubringen. Er konnte es erst mit einer Frau, die die Größe besaß, Treue und Freundschaft als gegeben zu nehmen. Mit einer Frau, die nicht eifersüchtig war, die ohne Dramen eine Familie mit einem großartigen Mann wollte und keine Künstlerehe, die frei aussieht, aber in der Entfremdung endet.

Freundschaft in der Liebe klingt wie ein Kompromiss, und tatsächlich leben einige Paare so. Sie sind gleichmütig, verhalten sich passiv ihrem Partner gegenüber, arbeiten, holen ihre Kinder von der Schule ab, fahren pünktlich in Urlaub, feiern ihren Hochzeitstag in einem Hotel, leben ihren Alltag gemeinsam, aber sie begehren sich nicht mehr. Gemütlich. Sie begehren sich nicht mehr, weder körperlich noch geistig oder seelisch, weil die Gewöhnung sich eingeschlichen hat.

Wann fing es an? Keiner weiß es. Aus der Aufregung der

ersten Monate wurde Anspruchslosigkeit, Freundschaft als verminderte Form der Liebe, nicht als ein Teil der Liebe.

Das war das Stadium des Zusammenseins, das Michael und ich witterten. Bevor es dazu kam: Action. Michael riss russische Straßenmusikantinnen auf, ich fing Streit mit Elke an.

Griechisch war die Sprache, mit der die Philosophie und die Religion des Abendlandes formuliert wurde. Es gab vier Worte für Liebe, die heute noch wichtig für uns sind:

Storge für die Zuneigung, die familiäre Verbundenheit.

Eros für das Begehren, sich sehnen, sich verlieben oder das Liebenswürdige lieben.

Philia für die Freundschaft, das Teilen gleicher Interessen.

Agape für die selbstlose, reine Liebe, die völlig unabhängig vom Charakter und der Liebenswürdigkeit des anderen ist. Mit *Agape* liebt man seinen Feind.

Bei den ersten beiden Lieben, *Storge* und *Eros*, bleibt man zumeist hängen. *Storge* (Zuneigung), wo es einem leichtfällt. *Eros* (Begehren) als Sport. Mit *Philia* (Freundschaft) beginnen die Schwierigkeiten. Und *Agape* ist den meisten unmöglich.

Viele Jahre hatte ich eine Freundin, die noch schlimmer war als ich. Wenn wir auch nur einen Tag friedlich zusammen waren, fing sie Ärger an. Sie schaltete mich entweder aus, indem sie mich ignorierte, oder sie heulte und kotzte. Manchmal fuhr sie betrunken durch die leeren, nächtlichen Straßen Berlins, und ich ihr im gleichen Zustand hinterher.

Unsere Liebe fing schon unter falschen Vorzeichen an. Ich

hielt sie, als Pastorentochter, für eine potentielle Terroristin, sie mich für einen gelegentlichen Autodieb. Wir entsprachen unserem Wunsch nach Abenteuern Anfang zwanzig, wir spielten die Outcasts, die sich von der Spießergeneration der Eltern unterschied, und waren doch nur zwei Bürgerskinder mit der Sehnsucht nach Abenteuern.

Das Gefühl des Subversiven hielt uns eine Weile lang wach, dann fiel es in sich zusammen, und wir waren einfach zwei liebesunfähige Menschen, die vom anderen ein Drama verlangten, die von der Liebe erwarteten, dass sie uns schonungslos die Größe des Lebens spüren ließ. Wir wollten Eros pur, wir wollten uns am Leben berauschen.

Wir hatten alles, um großartige Freunde und Liebende zugleich zu sein, aber wir begriffen es nicht. Es war so wenig Glamouröses daran, in einer Zwei-Zimmer-Altbauwohnung zu sitzen und zu lesen oder das erste Nirvana Album wieder und wieder auf halber Geschwindigkeit zu hören.

Wir wollten beide das Geheimnis des Lebens erkunden. Wir wollten Abenteurer und Forscher sein. Wir beide mieden das Vertrauen der Freundschaft.

Die meisten Liebenden sind ratlos nach dem großen Anfang. Die Erwartungen sind hoch, das Leben banal. Die schillernde, lärmende Zeltstadt der ersten Liebe ist zerfallen, und nun soll man auf dem nackten Boden das neue Fundament der Liebe legen.

Manche hausen nur in Hütten, bauen neue Zelte, die weggeweht werden, andere bestellen Fertighäuser oder graben sich Erdlöcher. Kaum einer begreift, dass man jetzt den Platz hat, einen Palast anzulegen, der ein Leben lang zum Bauen braucht. Darin liegt die Herausforderung, der Spaß.

Elkes und meine Liebe sind Zelte, Fertighäuser, Holzhütten, Türme für den Palast, wilde Gärten, stille Innenhöfe. Elkes unbeirrbarer Glaube an die Freundschaft hat uns daraus eine Stadt bauen lassen. Und wenn wir uns ohne Wenn und Aber lieben lernen, gehört uns die Welt.

Lügen und Betrügen

In dem Film *Breaking and Entering* spielen Jude Law und Robin Wright Penn ein langjähriges Paar – Will und Liv. Liv hat eine autistische Tochter, die nicht von ihm ist. Ihren Beruf hat sie aufgegeben, da sie in ständiger Sorge um ihr Kind lebt, das kaum schläft und viel Aufmerksamkeit braucht.

Will liebt das Kind, aber Liv hält ihn fern von ihrer Tochter, und das entfremdet sie voneinander. Sie will die Verantwortung nicht teilen, weil es nicht sein Kind ist und sie nicht verheiratet sind.

Obwohl Sven und ich zwei Kinder haben, wollte ich ihn nicht heiraten. Ich dachte, es sei besser, mit dem Gefühl zusammenzuleben, dass man sich eine Tür offen hält. Dass wir frei bleiben, unabhängig voneinander, jeder mit seinem Namen und jeder für sich, er mein Freund, ich seine Freundin, wir zwar eine Familie, aber doch auch jeder für sich.

Heirat ist der Tod der Liebe, dachte ich. Wenn alles festgelegt ist, wird die Liebe starr und steif, und irgendwann vertrocknet sie ganz.

Ich hatte viele Argumente gegen eine Heirat. Heiraten tut man nur, um sich anschließend scheiden zu lassen. Wenn man sich liebt, braucht man kein Papier. *Never change a working system.*

Ich wollte nicht die Ehefrau von Sven sein, sondern eine eigenständige Person usw.

Ich hatte Angst davor zu heiraten, dabei war das lächerlich. Wir lebten enger zusammen als die meisten Ehepaare, die ich kenne, aber gerade deshalb dachte ich, jetzt auch noch verheiratet zu sein, wäre echt zu viel.

Es gab aber immer wieder Situationen, da kam es mir komisch vor, nicht verheiratet zu sein. Zum Beispiel nach zehn Jahren mit zwei Kindern immer noch von »meinem Freund« zu sprechen. Deshalb sagte ich immer öfter »mein Mann« und kam mir dabei wie eine Lügnerin vor.

Als Sven die Geburt unseres Sohnes am Standesamt angab, stand auf der Geburtsurkunde: »Angezeigt wurde die Geburt von dem Studenten Otto Sven Lager.« Als wäre er nicht der Vater, sondern irgendein dahergelaufener Student.

Nachdem wir später auf dem Bezirksamt Schöneberg seine Vaterschaft anerkennen ließen, musste ich ein Formular unterschreiben, auf dem ich bestätigte, im Zeitraum der Zeugung mit keinem anderen Mann Geschlechtsverkehr gehabt zu haben als mit dem Kindsvater.

Da ist es offensichtlich, was verheiratete Paare von nicht verheirateten unterscheidet. Letztere haben unbegrenzten Geschlechtsverkehr.

Wir lachten darüber, dennoch, es war auch ernüchternd. Der Zauber des Elternwerdens war für einen Moment überschattet, aber wir waren jung und anti-establishment, und wir brauchten nicht den Segen von deutschen Behörden, um uns zu lieben. Ich beantragte Sozialhilfe als alleinerziehende Mutter.

Sven behauptet, er hätte mich dreimal gefragt, ob ich ihn heiraten will, und ich hätte immer abgelehnt.

Ich kann mich nicht daran erinnern und sage, wenn er mir einen ordentlichen Heiratsantrag gemacht hätte, dann hätte ich ihn bestimmt geheiratet, da aber meine beiden größten Ängste damals Krankenhäuser und Hochzeiten waren, bekam ich meine Kinder zu Hause und blieb unverheiratet.

Wenn wir jemals heiraten sollten, dann wegen der Kinder, dachte ich. Denn wenn ich unverheiratet sterbe, würde nicht Sven als Erster das Sorgerecht bekommen, sondern meine Eltern. Ich müsste einen handgeschriebenen Zettel in meiner Schreibtischschublade liegen haben, auf dem steht, dass im Falle meines Todes das Sorgerecht an den Studenten Otto Sven Lager gehen würde.

Weil ich fest daran glaube, dass man Unglück heraufbeschwören kann, schrieb ich selbstverständlich nie so einen Zettel, und Sven beruhigte mich, indem er mir versicherte, dass er im Falle meines Todes diese Notiz ohne weiteres fälschen könne.

In der Tiefe meines Herzens wäre ich gerne mit Sven verheiratet gewesen, aber ich wollte ihn nicht heiraten.

Die Entscheidung, ihn doch zu heiraten, kam sehr spontan auf dem südafrikanischen Einwohnermeldeamt. Die freundliche Beamtin bot uns an, um die Visumprozedur zu vereinfachen, uns zu verheiraten, und da mein bester Freund gerade zu Besuch war, sagte ich Ja.

Es ist sehr viel aufregender, habe ich herausgefunden, verheiratet zu sein und sich wie ein Liebespaar zu fühlen, als ein Liebespaar zu sein, das wie ein Ehepaar lebt.

Verheiratet zu sein ist befreiend und nicht beengend, habe ich festgestellt, es ist das Gegenteil von dem, was ich so gefürchtet hatte.

Ich kann nun von meinem Mann sprechen, ohne mich als Lügnerin zu fühlen, und es liegt so eine Selbstverständlichkeit darin: Er ist mein Mann, ich bin seine Frau, wir gehören zusammen, das fühlt sich so sicher und gleichzeitig ganz neu romantisch an.

Wir sind tatsächlich Mann und Frau. Keine Frage, kein Zweifel daran. Nicht dass sich dadurch etwas an unseren äußeren Umständen geändert hätte, es ist eher so, als ob wir unseren Status endlich richtiggestellt haben.

Nicht Freund und Freundin, sondern Mann und Frau. Das bedeutet Erwachsensein. Das bedeutet Verantwortung zu übernehmen und die Dinge so zu benennen, wie sie richtig sind.

Wir sind heute so glücklich zusammen wie noch nie. Wir lieben uns mehr denn je, und ich weiß, dass unsere Liebe immer intensiver werden kann, noch mehr wachsen und noch größer werden kann, dass das Zusammenleben einfacher und das Verstehen besser werden kann.

Es gibt keine Hintertür mehr, aus der sich einer von uns verdrücken kann, wenn es ihm nicht mehr passt, auch wenn es sie nie wirklich gegeben hat.

Jude Law alias Will verliebt sich schließlich in eine andere Frau, Amira, gespielt von Juliette Binoche, und das ist der Moment, in dem ich den Film verlassen will. Ich ertrage keine Ehebruchgeschichten. Ich will mir nicht ansehen, wie einer in die Arme einer Unbekannten flieht, weil er es mit seiner Frau zu Hause nicht hinkriegt. Mein Widerwillen, die Liebe woanders zu suchen, wächst mit den Jahren.

Ich gebe zu, ich habe das alles einmal anders gesehen. Ich habe meine Freunde betrogen, sobald es Schwierigkeiten gab oder auch nur, wenn es eine Gelegenheit dazu gab. Ich fand das nicht schlimm.

Ich dachte, alles ist in Ordnung, solange der andere davon nichts weiß. Wenn ich ihn so liebe, dass er nichts vermisst und nichts vermutet, kann ich Affären haben.

Betrug beginnt erst, wenn man den Geliebten besser behandelt als seinen Ehemann, dachte ich.

Ich fand es aufregend, zwei Männer gleichzeitig zu lieben.

Während mein Freund in einer anderen Stadt arbeitete, verliebte ich mich in einen englischen Filmstudenten, weil er so gut tanzen konnte und so schön Englisch sprach.

Ich besuchte ihn in London und in dem Moment, als er mich vom Flughafen abholte, war es vorbei. Ich wusste nicht mehr, was ich an ihm gefunden hatte, und musste drei Tage mit ihm verbringen und ihn mir vom Leib halten. Ich sehnte mich nach meinem Freund zurück, verbrachte meine Zeit damit, Geschenke für ihn zu kaufen, und war heilfroh, als ich wieder zu Hause war.

Mein Freund war weder am Flughafen, um mich abzuholen, noch in seiner Wohnung. Sein Mitbewohner hatte ihn seit Tagen nicht mehr gesehen. Ich brach in Tränen aus. Ich war verzweifelt. Ich hatte meine große Liebe wegen einer blöden Affäre verloren.

So war es dann doch nicht. Mein Freund hatte herausgefunden, warum ich in London war, und wollte mir einen Schreck einjagen.

Ich weinte viele Tränen und bereute tief. Er vergab mir, aber das Betrugsfundament war gelegt. Es führte dazu, dass er mit meinen Freundinnen schlief und schließlich eine von ihnen heiratete.

Viele verletzte Herzen gab es auf meinem Weg. Ich wünschte, ich hätte schneller gelernt, mit weniger Wunden auf beiden Seiten.

Wenn es Schwierigkeiten gab, dachte ich, es gibt vielleicht doch noch einen anderen Mann, der besser zu mir passt.

Ich lernte, dass es den perfekten Mann nicht gibt, schließlich war ich selbst weit davon entfernt, perfekt zu sein.

Irgendwann war ich es müde, Männer kennenzulernen. Ich war es leid, jedes Mal so zu tun, als hätte man die Liebe seines Lebens gefunden.

Das passierte erst, als ich Sven traf. Ich war nicht einmal besonders daran interessiert, ihn wieder zu treffen.

Sven ist der erste Mann, den ich nicht betrogen habe.

Eifersucht kam und kommt bei uns so gut wie nicht vor. Die Schwierigkeiten, die wir miteinander haben, tragen wir auch miteinander aus.

Ich weiß, wie es ist, mit Männern zu schlafen. Es gibt keine Überraschung mehr für mich.

Es ist für mich kein Abenteuer, mit einem fremden Mann ins Bett zu gehen, sondern eine Gefahr für meine Liebe.

Warum sollte ich mich auf etwas einlassen, das das Kostbarste, was ich habe, bedroht. Warum sollte ich mein Glück für einen Geschlechtsakt riskieren.

Ich habe keine Liebe übrig für andere Männer, weil ich alles, was ich habe, meinem Mann gebe.

Sven ist nicht perfekt, aber er ist in seiner Imperfektion perfekt für mich und ich für ihn.

Um den Sohn von Amira vor dem Gefängnis zu bewahren, muss Will seine Affäre vor Gericht gestehen.

Seine Frau (oder Freundin) Liv geht mit ihm vor Gericht. Sie nimmt am Prozess teil und hört ihm zu, wie er das Verhältnis zu der anderen Frau beschreibt. Liv wird zu seiner Verbündeten in dieser Betrugsgeschichte.

Das, was sie ursprünglich voneinander getrennt hat, bringt sie wieder zusammen.

Livs Verhalten ist von fast übermenschlicher Größe, und als alles vorüber ist, fahren Will und sie nebeneinander im Auto, und er sagt zu ihr: »Danke, du hast etwas ganz Großes getan, du hast diesem Jungen das Leben gerettet.«

Da rastet sie aus. Sie beschimpft ihn, sie schlägt auf ihn ein und rennt auf die Straße. Er rennt ihr hinterher, hilflos und ratlos, und schließlich fragt er sie, ob sie ihn heiraten will, und sie dreht sich um und springt ihm um den Hals und küsst ihn.

Er hatte endlich verstanden, worum es ging. Es konnte nicht einfach alles wieder gut sein und weitergehen wie zuvor. Etwas musste sich ändern zwischen den beiden, und zwar massiv.

Ein großer und wahrer Moment.

Der Film zeigt, dass jeder Fehltritt eine Möglichkeit für einen Neuanfang birgt, und das ist das Große am Leben und am Menschsein.

Trennung

Neulich rief mich ein Freund an, von dem ich lange nichts mehr gehört hatte. Ich hatte in letzter Zeit viel an ihn gedacht, weil er, Kai, und seine Freundin Sabine ein Vorbild für mich sind – zumindest was die Liebe angeht. Ich habe mir oft gewünscht, Sven so bedingungslos lieben und bewundern zu können wie Sabine ihren Kai, obwohl Kai schwierig und häufig unmöglich ist. Aber nicht zu ihr. Er verehrt sie, und sie verehrt ihn. Seitdem ich die beiden kenne, sind sie ein Paar, sie sind fast so lange zusammen wie Sven und ich. Ich kenne nur wenige Paare, die so gut zueinander sind wie die beiden.

Kai fragte mich, wie es mir geht, er hätte gerade an mich gedacht, und ich antwortete ihm, dass es mir gut geht, und fragte, wie es ihm denn geht, und er sagte: »Ausgezeichnet, es könnte mir nicht besser gehen, ich habe gerade geheiratet.«

»Ihr habt geheiratet, gratuliere«, sagte ich.

»Nein, nicht Sabine, wir haben uns getrennt.«

Ich sagte erst mal gar nichts, weil ich dachte, es wäre wieder einer seiner komischen Scherze, denn das Letzte, das ich von den beiden gehört hatte, und das war gerade einmal zwei Monate her, war, dass sie mit uns Weihnachten feiern wollten, was aber dann aus mehreren Gründen nicht geklappt hat.

»Du machst Witze«, sagte ich.

»Nein, das ist wahr«, sagte er.

»Warum habt ihr euch getrennt?«, fragte ich.

»Ach, aus verschiedenen Gründen, es ging einfach nicht mehr. Aber das ist jetzt alles gut so, wie es ist, und ich bin sehr, sehr glücklich.«

Das Gespräch ging noch eine Weile hin und her, aber ich stand unter Schock und konnte auch nicht herausfinden, wie das alles innerhalb von zwei Monaten passieren konnte. Seit Kais Anruf habe ich nicht mehr mit ihm gesprochen, und ich habe noch nicht einmal mehr Sabine geschrieben, so schockiert bin ich von dieser Geschichte. Ich wollte einfach nichts mehr davon hören.

Ich hasse es, wenn Freunde sich trennen. Vor allem Paare, von denen man weiß, dass sie sich lieben und dass sie zusammengehören. Sie gehören auch zu meinem Leben. Beide zusammen.

Kai und Sabine. Man spricht es wie ein Wort. Wenn ich von Kai spreche, fragen die Kinder: »Kai?« Und ich sage: »Ja, Kaiundsabine«, und jeder weiß, von wem ich spreche.

Gestern schrieb ich meiner Freundin Hannah aus einem unbestimmten Gefühl heraus. Ich hatte zu lange nichts mehr von ihr gehört, und sie schrieb mir zurück, sie steht kurz vor der Trennung wegen eines anderen Mannes, von dem sie weiß, dass er nicht der Richtige ist, aber sie fühlt sich so stark zu ihm hingezogen, sie kann nicht anders. Ist das Liebe? Wenn es sich so stark anfühlt?

Für Hannah schreibe ich dieses Kapitel.

Hannah und ihr Freund Steffen haben uns vor einem Jahr besucht. Wir haben vier Wochen miteinander verbracht. Die beiden lieben sich, sie haben eine eigene Sprache zusammen, sie machen liebevolle Witze über die Schwächen des anderen. Sie scherzen, sie necken sich, sie schmusen, sie lachen, sie knutschen, sie unterstützen sich, sie sind in vielem ein besseres Paar als Sven und ich, sie streiten sich weniger, und sie haben wahrscheinlich mehr Sex als wir.

Hannah ist verwirrt. Sie weiß, dass es nicht richtig ist, für eine wilde Leidenschaft »eine schöne Beziehung«, wie sie es nennt, aufzugeben. Aber ihre Gefühle sind stärker als die Vernunft.

Soll man nicht wild sein, seinen Gefühlen folgen, ein leidenschaftliches Leben leben? Man will doch nichts verpassen und am Ende seiner Tage bereuen, sein Leben nicht voll gelebt zu haben.

Ich weiß, auch wenn es mich sehr stark zu einem Schokoladenkuchen hinzieht, dass ich ihn besser nicht essen sollte, wenn ich in diesem Sommer einen Bikini tragen will. Anziehung ist nicht immer der richtige Weg.

Zum Glück bringt das Älterwerden auch Vorteile mit sich. Ich habe gelernt, langfristige Ziele nicht für kurzfristiges Vergnügen zu opfern.

Lange Zeit dachte ich, es würde mich jung halten, wenn ich diese Erfahrung einfach ignoriere. Ich dachte auch, dass Freiheit bedeutet, so viele Entscheidungsmöglichkeiten zu haben wie möglich. Erst später erkannte ich, dass man sich dadurch zum Sklaven der eigenen Lust und Gefühle macht.

Es muss eine höhere Entscheidungsinstanz geben als Lust und Gefühle, denn nichts ist instabiler.

Ich versuchte Hannah zu verstehen. Ich sagte zu Sven: »Was ist, wenn man plötzlich von einer Leidenschaft für einen anderen Mann erfasst wird? Stell dir vor, ich sage zu dir: ›Darling, es gibt da einen Mann, von dem ich nicht loskomme. Mein Körper zieht mich zu ihm hin, ich muss ständig an ihn denken. Ich kann es nicht unterdrücken. Hilf mir, versteh mich, lass mich zu ihm gehen, damit ich wieder zu dir zurückkommen kann und weiß, dass ich nichts verpasst habe.‹

Sven sagte: »Nix da, Antrag abgelehnt! Und komm mir nicht noch einmal damit.«

Ich sagte: »Aber was macht man, wenn das passiert?«

Er sagte: »Die Frage ist, was fehlt einem, was hat man vernachlässigt, dass es passiert ist? Was sucht man in dem anderen, was man an seinem Mann nicht findet?«

Liebe kann es nicht sein, denn Steffen liebt Hannah, und sie liebt ihn. Was ist es dann, was man nicht auch anders finden kann? Aufregung? Abenteuer? Ein neues Leben? Ein neuer Anfang? Sollte sie sagen: »Schatz, findest du nicht auch, dass es ein bisschen langweilig wird? Lass uns unser Leben ändern.

Lass uns umziehen, heiraten, Kinder kriegen, an den Chiemsee fahren, eine Weltreise machen, unser Leben Gott übergeben.«

Hannah und Steffen lieben sich lang genug, um sich zu kennen. Ihre Liebe ist keine Überraschung mehr, aber auch kein Kompromiss.

Es gibt Paare, die finden sich zusammen, weil jeder dem anderen gerade das gibt, was ihm fehlt. Oder um nicht allein zu sein. Das tut eine Weile gut, hat aber nicht so lange Bestand. Ich bin froh, wenn sich Paare trennen, die aus den falschen Gründen zusammen sind und sich gegenseitig zurückhalten.

Es gibt Paare, die sich aus guten Gründen trennen, weil sie sich nur noch verletzen und beleidigen, weil sie kein Wort mehr miteinander sprechen können, ohne sich anzukeifen, weil die Achtung, die Liebe und der Respekt entweder nie da waren oder so zerstört sind, dass sie nicht mehr die Kraft haben, von Neuem zu beginnen.

Es gibt auch Paare, bei denen ich mir wünsche, sie würden sich endlich trennen. Ich wünsche mir nicht einmal, dass sie ihre Beziehung in den Griff bekommen, weil ich nichts sehe, was sie zusammenhält.

Aber bei Hannah und Steffen ist das nicht der Fall, auch nicht bei Kai und Sabine oder Britta und Frank.

Britta und Frank waren das schönste und lustigste Paar, das ich kenne. Aber sie waren jung. Als Brittas Vater starb, wollte Frank sie von ihrer Trauer ablenken, sie unterstellte ihm jedoch mangelndes Mitgefühl und Oberflächlichkeit und trennte sich von ihm. Das ist fast zwanzig Jahre her. Seitdem sind beide nicht mehr mit jemand anderem glücklich geworden.

Wenn ich sie heute zusammen sehe, bekomme ich immer noch Gänsehaut und ringe im Geiste die Hände und denke mir: Seht ihr das nicht, ihr wart füreinander bestimmt, was habt ihr nur aus eurem Leben gemacht? Ich will sie immer noch zusammen sehen.

Aber was weiß ich schon. Gar nichts. Nur was ich sehe und mir zusammenreime.

Trotzdem glaube ich, etwas zu sehen, was die beiden jeweils aus den Augen verloren haben oder was man vielleicht von außen besser sieht als von innen.

Neulich waren wir auf einer Verlobungsfeier. Zum Abschluss standen wir alle in einem Kreis, und jeder hielt eine kleine Rede. Die beiden frisch Verlobten hatten ihre Liebe mehr als ein Jahr lang geheim gehalten. Sogar voreinander. So hatte jeder Gast eine Geschichte zu erzählen, wie er herausfand, dass mehr zwischen den beiden war als Freundschaft. Gesten, die ihre Liebe verrieten. Ein Teller mit Essen, den sie für ihn aufbewahrte, weil er zu spät zu einer Party kam, die Herztasse, die er nur für sie bereithielt, eine besorgte SMS, die er einer Freundin schickte, als sie alle gemeinsam mit mehreren Autos eine Reise machten, sie solle doch bitte seine zukünftige Braut (was keiner wusste), die neben ihr im Auto saß, aufwecken, da er im Rückspiegel gesehen hatte, dass ihr die Sonne ins Gesicht schien, und viele mehr. Das junge Paar war zu Tränen gerührt. Es war für sie der Höhepunkt des Abends und ein unvergesslicher Moment, weil es sie noch mehr in ihrer Liebe bestärkte zu wissen, dass andere sie auch so sahen.

Ich fühle mich betrogen, wenn meine Freunde sich plötzlich trennen. Es ist wie einen Freund zu verlieren, der sich still und heimlich wegschleicht.

Kaiundsabine gibt es nicht mehr. Wird es nie mehr wieder geben. Das hinterlässt ein Loch in meinem Leben, denn die beiden waren für mich eine Quelle der Inspiration und

Freude. Für mich ist jeder für sich nur vollständig, weil sie sich so großartig ergänzen. Weil jeder das Beste im anderen hervorgebracht hat.

Die Liebe des anderen und die Kraft der Liebe, mit der sie sich gegenseitig geliebt haben, hat sie veredelt.

Wenn ich Kai mit seiner neuen Frau sehen würde, dann könnte ich vermutlich nicht an die Liebe der beiden glauben, da ich ihr Ende bereits vor Augen habe.

Ich kann mir nicht vorstellen, dass Kai seine neue Frau mehr liebt, als er Sabine geliebt hat, und wenn das nicht genügt für ein ganzes Leben, dann wird die neue Liebe auch nur vorübergehend sein, und was ist Liebe, wenn sie nicht für immer ist.

Vielleicht weiß er das und hat deshalb sofort geheiratet. Manchmal ist es genau dieser Schritt, die Entscheidung, sich ein Leben lang zu binden, die zu treffen ist, um die Rückzugsmöglichkeit auszuschließen und sich tiefer und bedingungsloser zu binden. Ein Liebessiegel.

Trennung muss eine öffentliche Zeremonie sein, dachte ich heute Morgen im Bett, als ich über Hannah und Steffen nachdachte.

Wie bei einer Hochzeit oder dieser Verlobungsfeier muss das Paar in aller Öffentlichkeit zusammenkommen und allen gemeinsamen Freunden und der Familie seine Trennung verkünden.

Dann sagen sie: »Hat jemand einen Einwand?« Und alle stehen in einem großen Kreis um sie herum, und jeder erzählt die Geschichte ihrer Liebe, so wie er sie erfahren hat, was sie ihm bedeutet, welche Rolle die beiden als Paar in seinem Leben spielen, und es wird klar, dass das nicht nur die Angelegenheit eines Paares oder eines Einzelnen ist, der sich nicht genug geliebt fühlt oder sich in einen anderen verliebt hat, sondern dass die Liebe so viel größer ist und viel mehr berührt als nur die Leben dieser zwei Menschen.

Das Paar muss sich das alles anhören, und erst danach können sie entscheiden, ob sie sich trennen, oder sie liegen sich weinend in den Armen, weil sie daran erinnert wurden, wie sehr sie sich eigentlich lieben und dass die Liebe größer ist als sie selbst und weit über sie hinausreicht.

Heul doch

Meine Generation ist aufgewachsen mit der falschen Erkenntnis, wir müssten mal etwas aus dem Bauch heraus machen, auf unsere Gefühle hören, nicht so kopflastig sein.

Aber was sage ich zu meinem Sohn, wenn er mir antwortet, er *fühlt* sich gerade nicht nach Abspülen? Was antworte ich meiner Schwester, die sich gerade irgendwie von ihrer Umwelt bedroht fühlt, während sie in ihrem warmen Zimmer einen Joint raucht?

»Ich fühl mich heute nicht so nach Gästen«, sagte Elke am Nachmittag, als ich gerade dabei war, für zehn Leute zu kochen. Na und? Ich fühlte mich auch gerade nicht so nach Gästen, ich wollte lieber lesen als Zwiebeln schneiden, aber ich wusste aus Erfahrung, dass es ein großartiger Abend mit unseren Freunden werden würde, die wir lange nicht mehr gesehen hatten.

Gefühle werden als der Schatz gepriesen, der im Zeitalter der Vernunft verschüttt ging. Die westliche Philosophie der Logik hat uns erkalten lassen. Immanuel Kant war nicht für seine Freudenschreie berühmt. Oder dafür, dass er nach dem Formulieren einer Maxime auf der Straße tanzte.

Es gibt einen guten Grund, den Gefühlen zu misstrauen. Die Liebe ist kein Gefühl. Rache ist ein Gefühl, Eifersucht,

Neid, Sympathie, Hunger. Ist Angst ein Gefühl? Oder schon eine Kategorie für sich?

Wenn ich meinen Gefühlen gehorche, tobe ich. Wenn ich meinen Gefühlen gehorche, rase ich mit hundertachtzig durchs Dorf oder verschenke alles an den Bettler, der zitternd vor der Bäckerei sitzt. Aus Mitgefühl.

Nicht dass der Kopf einem immer hilft. Aber es ist eindeutig besser, darüber nachzudenken, warum ich mich von Elke verraten fühle, statt nur meinem Gefühl nachzugehen. Mich verraten fühlen, heißt nur: Ich fühle, ich meine, ich finde. Ganz gleich, was sie getan hat. Weiß der Teufel, warum sie nur sich Mittagessen in der Stadt gekauft hat.

»Und was esse ich?«, fragte ich sie unfreundlich, während sie sich vor der Tür den Mund abwischte.

»Du magst doch gar keine Wacky Wednesdays von Steers.« Sie sprach vom Mittwochsangebot, zwei lappige Burger zum Preis von einem.

»Ich habe aber trotzdem Hunger.«

»Sorry, hättest du mir gesagt, was du willst...«

»Woher soll ich denn wissen, dass...«

»Sven, ich hatte einfach HUNGER, okay?«

»Ja, schön für dich.«

Es scheint, als wäre unsere Familie exponentiell hungrig. Einer allein braucht fast nichts, zwei können essen gehen für nicht allzu viel Geld, vier leeren einen ganzen Wochenvorrat. Der Hunger zu viert hat vor allem mit Kindern eine ganz eigene Dynamik.

Plötzlich gehen die Kinder nach der Schule zu Freunden,

Elke radelt in die Stadt, und wenn sie zurückkommt, haben alle gegessen außer mir.

Obwohl ich kaum Hunger habe, fühle ich Futterneid! Existenzangst! Nackte Panik!

Die Angst ist keine eigene Kategorie, sie ist die Königin der Gefühle. Die Angst, hungrig zu bleiben, die Angst, nicht geliebt zu werden. Nie genug zu sein. *Angst essen Seele auf* heißt ein Film von Rainer Werner Fassbinder.

Sind Gefühle denn falsch? Ich stelle die Frage so naiv, weil ich sie mir so stellen muss. Im Internat bin ich einmal nachts zwanzig Kilometer zu einer Frau gejoggt, weil ich mich danach fühlte. Ich fühlte Liebe, Zuneigung, Begehren. Als sie die Tür aufmachte, sah sie mich nur entsetzt an. Und ihr Freund ebenso.

Gefühle massakrierten mich während der Pubertät. Der Weltschmerz brachte mich um. Ich fühlte eine tiefe Verbindung zu Mädchen, die sich nicht im Geringsten für mich interessierten. Ich hatte Mitgefühl für die armen Bauern im Flussdelta von Bangladesch, ohne dass sie etwas davon hatten. Und selbst vor kurzem fühlte ich mich jemandem freundschaftlich verbunden, wo keine Freundschaft war. Null, nada, nichts.

Gustave Flaubert schrieb einen wunderbaren Roman darüber, wie man sein Herz erziehen muss. Aber wo ist sie heute, die Erziehung des Herzens? Wo erfährt man sie?

Warum bin ich so aufgewachsen, dass ich glaubte, ich muss meinen Gefühlen gehorchen und nicht der langweiligen Vernunft, die ich für den Grund aller Freudlosigkeit hielt.

Nicht, dass ich die Vernunft nicht liebe, so begrenzt sie uns zur Verfügung steht. Aber eine Nacht auf Ecstasy schien mir damals besser zu sein als jeder nüchterne Gedanke daran, was ich mit meinem Leben anfangen sollte. Eine Nacht in unfassbaren und lächerlich grundlosen Glücksgefühlen war besser als die Bedrückung, die ich verspürte, wenn ich an die grauen Berliner Tage während der Bürozeit dachte. Wie überhaupt jede Droge mich besser fühlen ließ.

Als bürgerlicher Sohn einer bedeutungslosen Mittelklasse in einer vernunftgestalteten Demokratie sehnte ich mich nach der Lebenslust und der Gewalt in den brasilianischen Favelas. Und als Kind der sexuellen Revolution hielt ich Sex, Ekstase und Lust für Gefühle von Freiheit.

Ich war ein Gelegenheitsdieb, um die Freiheit und Anarchie zu spüren. Ich war ein gewissenloser Verführer manchmal, um mich als Held zu fühlen.

Aber in der Liebe musste ich lernen, mein Herz zu erziehen.

Nach antikem Glauben ist das Herz der Sitz der Seele. Im Herzen weilen Gefühl und Verstand. In ihm wohnt die Unsterblichkeit. Es befähigt uns, das einzig Göttliche in unserem Leben zu verstehen und zu leben: die Liebe. Und die ist kein Gefühl.

Seitdem eine Freundin von uns ihren Mann verlassen hat, wird sie von ihm terrorisiert. Er hatte die achtundzwanzigste Geliebte in zwei Jahren. Ihr Tag beginnt um acht Uhr morgens mit seinen Beschimpfungen. Um neun bereut er seine Bosheiten und bittet sie um Verzeihung. Um zehn beleidigt er sie, weil sie ihm nicht verzeihen will, um elf droht er ihr mit dem Anwalt, um zwölf mit physischer Gewalt, um eins schickt er Blumen, um zwei steht er – trotz einer Gerichtsanordnung, dem Haus fernzubleiben – vor ihrer Tür. Um drei würgt er sie auf der Straße, um vier willigt er wieder in die Scheidung ein, und wenn es ein schlechter Tag ist, kommt er um sieben noch einmal vorbei und hat, während seine Frau mit den Kindern beim Einkaufen ist, mit seiner neuen Freundin Sex auf dem Esstisch.

Ob der Mann ein entlaufener Irrer ist? Nein. Er ist Vorstand einer großen Energiefirma. Er ist bekannt für seine Wohltätigkeit wie für seine Abenteuerlust. Er ist angesehen für seinen Erfolg. Aber er hat keine blasse Ahnung von der Liebe.

Die Liebe ist die größte Herausforderung des Lebens. Sie ist eine größere Herausforderung, als zehn Jahre auf einer einsamen Insel zu überleben. Gefährlicher, als zu Fuß durch den Amazonas zu wandern.

Gestern las ich einen Artikel über eine Frau, die als Erste zu Fuß den Nordpol überquerte! Wow! Und zu Hause? Die Ehe gemeistert? Ein Liebesleben? Ein anderer geworden durch die Liebe?

Vor einem Monat traf ich einen Bergsteiger, der in diesem Jahr unter unvorstellbaren Mühen den höchsten Berg der Welt bestiegen hat, bei minus vierzig Grad, die sich im Wind wie minus siebzig anfühlen. Es gibt kaum Sauerstoff da oben, das Gehirn und die Lunge schwellen schmerzhaft an, die Zehen frieren ab.

Es ist eine psychische Herausforderung, sagte mir der Sechzigjährige, keine körperliche: »Der Körper revoltiert vor Müdigkeit, Angst, Durst und Kälte. Der Aufstieg passiert nur im Kopf. Gefühle haben da keinen Platz. Man braucht Verstand, Sinn, Wissen, Mut, da auch das Gefühl, ganz oben angekommen zu sein, trügerisch ist. Es ist großartig auf dem Gipfel zu sitzen, aber auch gefährlich, so bewegungslos in der Kälte zu verweilen, denn man braucht alle Kraft, wieder herunterzukommen.«

Der Illusionist David Blaine schloss sich drei Tage in einem Eisblock ein, dann eine Woche in einen Glaskasten, dann sprang er von einem Hochhaus, dann...

Sein letztes Buch widmete er seiner Mutter, von der er sagt, dass ihre Liebe für ihn die reinste und selbstloseste war. Und seine Liebe? Hat er gelernt zu lieben? Würde er aus Liebe zu jemandem *nicht* kopfüber vom Eiffelturm springen?

Die wahre Herausforderung ist die Liebe selbst. Nur ist sie nicht spektakulär.

Ist irgendjemand berühmt dafür, dass er sein Leben lang jemanden aufrichtig geliebt hat? Spricht alle Welt von dem Paar, das seit zwanzig Jahren eine aufregende, reiche Ehe lebt? Was soll man schon anfangen mit Leuten, die glücklich sind?

Wissen ist der Zustand der Liebe. Fühlen ist im Vergleich nur der eigene amöbenhaft blinde Zustand.

Wenn ich ehrlich bin, weiß ich, dass Elke mich liebt, auch wenn ich es gerade nicht fühle.

7 Alles oder nichts

Oder warum Gott die Liebenden schützt

Was du liebst, lass frei.
Kommt es zurück, gehört es dir – für immer.

Konfuzius

Entscheidung

Tom kommt, um seine Kinder abzuholen. Seine Haut ist grau, er ist erschöpft und riecht nach Rauch, obwohl er Nichtraucher ist. Er hasst seinen Job als Manager einer Sicherheitsfirma. Er träumt davon, eine Farm zu haben, er liebt es, draußen zu arbeiten.

Als er in der Küche steht, sieht er auf die Papiere, die auf dem Tisch liegen, und sagt: »Ihr habt ein feines Leben, ihr schreibt Bücher und könnt zu Hause arbeiten.«

Er meint: Ihr hängt den ganzen Tag zu Hause rum, anstatt wie ich jeden Tag zur Arbeit zu gehen. Ihr habt ein faules Leben, während ich mich abrackere.

Ich erkläre ihm, »der Kampf findet hier statt«, und deute erst auf mein Herz und dann auf meinen Kopf. Er sieht mich zweifelnd an.

»Ich könnte Bücher schreiben«, sagt er. »Ich schreibe den ganzen Tag Protokolle.«

»Ja, warum machst du es dann nicht?«, frage ich ihn. Er sieht mich wieder an, als wüsste er nicht, wovon ich rede. Für ihn ist klar: Das Leben ist ungerecht.

Das Leben ist eine Summe von Entscheidungen, die wir irgendwann einmal getroffen haben. Tom hatte sich für diesen Job beworben und ihn bekommen.

Sven und ich haben uns von Anfang an dagegen entschieden, eine Arbeit zu machen, die uns keine Freude bereitet, oder besser gesagt, wir wären dazu gar nicht fähig gewesen.

Nach meiner Schneiderlehre stand für mich fest, dass ich keine geregelte freudlose Arbeit in meinem Leben machen würde. Dafür wusste ich bis dreißig nicht, was ich tun sollte.

Kurz nachdem wir uns kennengelernt hatten, wurde ich schwanger. Sven hätte einen besser bezahlten Job suchen können, um uns zu ernähren, und da würde er womöglich immer noch sitzen, doppelt so viel arbeiten, weil die Kinder inzwischen groß sind und eine Menge essen, und in seiner Freizeit in seinen Laptop tippen und seinem verhinderten Traum nachhängen und irgendwann vielleicht bitter werden und mich dafür hassen, dass sein Leben so lahm und langweilig ist.

Als wir nach Südafrika auswanderten, hatten wir nur die Gewissheit, dass wir dorthin und weg aus Berlin wollten. Wir wussten nicht einmal, wie wir die Flüge bezahlen sollten. Aber in letzter Minute fügte sich alles wie ein Wunder. Wir haben viele Wunder erlebt, indem wir in festem Glauben an das, was uns wichtig war, einen Schritt ins Ungewisse taten.

Das Gleiche gilt für unsere Liebe. Auch das ist eine Entscheidung, die wir einmal getroffen haben. Uns zu lieben und miteinander glücklich zu sein, bis ans Ende unserer Tage.

Ich habe die Entscheidung, Sven ein Leben lang zu lieben,

getroffen, als ich schwanger war. Das Kind war nicht der Grund, dass ich mit ihm zusammenbleiben wollte. Aber die Tatsache, schwanger zu sein, zwang mich, diese Entscheidung zu treffen.

Sven und ich meinten dasselbe, als wir am Isarstrand darüber sprachen, ob wir das Kind bekommen würden. Was ich von ihm hören wollte, war, dass er dieselbe Entscheidung wie ich getroffen hatte, für eine lebenslange Liebe.

Ich sagte: »Weil ich dich liebe, will ich ein Kind von dir bekommen.«

Er sagte: »Ich liebe dich, aber ich liebe dich nicht, weil wir ein Kind zusammen haben, und ich will nicht mit dir zusammenbleiben, wenn das der einzige Grund ist.«

Was mich damals an seiner Antwort so schockierte, war, dass sie die Möglichkeit einer Trennung in sich barg, die ich mit meiner Entscheidung ausgeschlossen hatte.

Heute verstehe ich es als Liebesschwur, mich immer aufrichtig zu lieben.

Ein großes Missverständnis ist, dass die Liebe kommt und geht, wie sie will, und dass wir machtlos sind, sie zu halten.

Die Liebe kommt, wie sie will, aber sie geht nur, wenn wir sie gehen lassen. Auch das ist eine Entscheidung.

Schöne Worte, leiser Verrat

»Wir müssen nicht zusammenbleiben wegen der Kinder, falls wir uns mal nicht mehr lieben.«

Elke war außer sich, als ich das zu ihr sagte. Es war ein Sommernachmittag am Isarstrand mitten in München. Sie war schwanger, und wir hatten gerade ein glückliches Leben zusammen begonnen.

Ich dachte, sie hätte verstanden, was ich meinte, auch wenn sie nicht dankbar hochsprang und mich dafür umarmte. Ich wollte ihr nur erklären, was für ein Mann ich bin und dass ich in der Liebe nicht lügen würde, und wegen eines Kindes erst recht nicht. Ich wusste nicht, dass sie dieser Satz zutiefst verunsichert hatte.

Sie hatte damals Angst, verlassen zu werden. Sie wollte auf keinen Fall ein Kind allein aufziehen. Sie wollte überhaupt keine Kinder, und ich hatte sie überredet, oder eher überrumpelt.

Ich bin mit Freunden aufgewachsen, deren Eltern zusammenlebten, aber die ihre Liebe zueinander verloren hatten. Als Kind war es bedrückend in diesen Häusern zu spielen, in denen sich die Eltern betrogen. Sie waren zusammen, nur weil sie eine Wohnung teilten, Kinder hatten und verheiratet waren.

Ich konnte nie einen Tag länger mit einer Freundin zusammenbleiben, wenn die Liebe plötzlich versiegte. Da gab's kein Verstellen, kein Täuschen. Lieber ohne Dach und ohne Geld als ohne Liebe. Deshalb war dieser Satz, den ich zu Elke am sonnigen Isarstrand sagte, als Trost gemeint.

Hey Baby, ich bin da, ich laufe nicht weg, aber ich werde dich, was die Liebe angeht, nie anlügen. Wenn es vorbei ist, werden wir nicht so tun als ob.

Es war ein Liebesbekenntnis. Zugegeben, etwas verschroben. Die Idee, dass man an einer Liebe arbeiten, dass man sie erhalten und fördern muss, war mir fremd. Liebe war für mich die unerklärliche Kraft, die einen zusammenbrachte und alles gut sein ließ. Wenn sie versiegte, war man machtlos.

Es war ein Liebesbeweis, und Elke hat ihn ganz anders verstanden:

Hey, vielleicht lieben wir uns mal nicht mehr, und dann mach ich die Sause, Baby.

Na toll. Genau das, was eine werdende Mutter hören will. Genau das, was Elke gerade brauchte, da sie das Kind nur behalten wollte, wenn ich blieb und wir eine Familie wurden.

Ich habe eine romantische Vorstellung von Liebe, die Elke schon mehrmals schwer getestet und nicht für gut befunden hat.

In unserer Ehe gab es Belastungen, Streits, kleine Kriege, die nichts mit der Liebe zu tun hatten, wie ich sie mir vorstellte. Liebe war für mich immer elegante Happiness, ein Ideal, dem wir machtlos ausgeliefert sind. Liebe war für mich Magie, die alles verändert. Und wenn der Zauber vorbei war, ging ich und suchte nach einer neuen Liebe.

Ich bin froh, dass Elkes Ansprüche ans Leben, an die Familie und an die Liebe immer hoch geblieben sind. Sie hat ein Ideal. Keine Kompromisse, keine halben Sachen. Ich bin genauso. Viele unserer Streits gehen um meine Ansprüche an sie, an die Kinder, an unser Leben, die nicht die gleichen Ansprüche sind wie ihre. Wir kämpfen oft um unsere Ideale, und es ist gut, dass wir welche haben. Keine Kompromisse.

Wir hätten uns oft trennen können. Ganz leicht. Oder einmal eine Pause machen, Abstand gewinnen, nachdenken.

Wir sind ein Paar, das ständig zusammen ist, unsere Liebe wird jeden Tag getestet.

Wenn ich wirklich mal dachte, jetzt reicht's, ich gehe, dann weil ich Elke liebte und der Widerspruch mich verrückt machte. Die Liebe war nicht zum Aushalten. Das hatte ich am Isarstrand am Anfang unserer Liebe nicht bedacht. Nicht Liebesmangel schlich sich ein, sondern eine Liebe, die zu stark für mich war. Und ich weigerte mich, mich zu ändern.

Viele Streitgespräche gingen um unsere radikale Vorstellung von Liebe. Viel Reibung entstand wegen dieses Satzes an der Isar, dessen Bedeutung bis vor kurzem nie ganz geklärt worden war.

Wir kennen ein Paar, das sich siebzehn Jahre lang wegen eines Satzes angeschwiegen hat, den er nach der Hochzeitsnacht zu ihr gesagt hatte. Sie ist zehn Jahre jünger als er. Er hatte sie regelrecht entführt damals und gegen den Widerstand der Eltern geheiratet.

Die Zeit vor der Ehe muss wild gewesen sein, aber in der Hochzeitsnacht ging etwas schief. Da war Angst, sie waren beide überwältigt von dem Schwur, nie wieder auseinanderzugehen. Sie lagen stumm nebeneinander. Und am Morgen danach sagte er zu ihr: »Ich glaube, ich habe den größten Fehler meines Lebens gemacht.« Sonst nichts. Punkt, aus.

Sie erzählte uns, dass das der Moment war, in dem sie für die nächsten siebzehn Jahre zugemacht hat, eingeeist und unberührbar wurde, um sich von diesem Mann nie wieder verletzen lassen zu müssen. Und für ihn war die Nacht der Beginn einer Katastrophe. In seinen Augen hatte sie ihn reingelegt, denn von nun an lagen sie fast jede Nacht stumm nebeneinander im Bett.

Die beiden haben Kinder, Bilder hängen im Flur und legen Zeugnis ab von glücklichen Zeiten. Es gab also auch jede Menge andere Momente. Aber das Missverständnis dieser ersten Nacht hat sich nie geklärt.

»Ich glaube, ich habe den größten Fehler meines Lebens gemacht.« Das ist ein harter Satz, brutal. Er wollte eine wilde Ehe, eine junge Frau, mit der er die Liebe und das Leben aus dem Vollen schöpfen kann. Und sie wollte einen Retter, einen Mann, der sie beschützt und versteht. Er wollte ihr barsch aber ehrlich seine Angst gestehen, sie hielt es für ein Urteil.

Was er sagen wollte war: »Hey Baby, die ganze Zeit ging's rund mit dir, und kaum haben wir geheiratet, bist du still und ängstlich. Ich bin ein Kind aus einem lieblosen Haus, ich brauche eine extrem liebevolle Frau. Lass uns unsere Ehe nicht so anfangen, okay, was ist los?«

Und sie hätte einfach sagen können: »Geliebter Mann meiner Träume, ich hatte Angst, dir nicht zu genügen, ich wollte geliebt werden und nicht nur begehrt, und dann hast du so etwas Furchtbares gesagt, etwas so Erniedrigendes für mich, das meine tiefste Angst trifft. Erklär es mir, dann kann ich dir auf der Stelle verzeihen.«

Aber keiner hat sich dem anderen erklärt. Zur Strafe blieb sie verschlossen und er unausstehlich. Er ist der Typ, der sagt, was er denkt, der laut wird, der sich nicht verstellt. Er ist ein gutmütiger, großzügiger Mensch, der keine Diplomatie kennt. Sie ist eine stille, kluge Frau, die erfolgreich in ihrem Beruf ist, in dem sie jeden Tag mit anderen verhandeln muss. Sie kann sehr genau sagen, was sie will. Die beiden hätten eine Menge voneinander lernen können.

Ein Satz kann eine Liebe zerstören. Und beide sind schuld. Nicht nur der, der ihn sagt, sondern auch der, der nicht nachfragt. Nach siebzehn Jahren haben sich ganze Welten auf diesem Missverständnis aufgebaut.

Nur noch ein Löschen der Erinnerung könnte ihnen helfen, wie in *Eternal sunshine of the spotless mind*. Jim Carrey und Kate Winslet spielen ein Paar, das sich nicht mehr erträgt und sich deshalb bei einem Arzt in Behandlung gibt, der sich darauf spezialisiert hat, Erinnerungen an einzelne Personen aus dem Gedächtnis seiner Patienten zu löschen. Sie lassen sich von ihm jede Erinnerung aneinander entfernen. Und doch finden sie wieder zusammen, verlieben sich wie neu. Sie entkommen ihrer Liebe nicht.

Oft habe ich mir gewünscht, die Zeit zurückdrehen zu

können, um vieles besser zu machen. Dann hätte ich diesen Satz an der Isar nie gesagt.

Ich hatte damals keinen Zweifel daran, dass ich nur mit Elke eine Familie gründen will. Ich wusste, dass alles gut wird, großartig. Und es ist die Wahrheit, dass ich es gut meinte, als ich sagte, ich würde nie nur wegen der Kinder mit ihr zusammenbleiben.

Die Wahrheit ist auch, dass ich damals keine Ahnung von der Liebe hatte. Gerade mit Kindern und einem alltäglichen Familienleben schleichen sich gerne kleine Nachlässigkeiten ein. Trotz all des gut gemeinten Idealismus.

Elke erzählte mir von einem Tag in Thailand, in Chiang Mai, an dem ich sie einfach auf ihrem Roller davonfahren ließ, obwohl sie sich in fremden Städten nicht orientieren kann. Ich ließ sie, genervt davon, dass sie immer ihren Willen haben will, allein. Es war mir egal. Ich dachte nicht einmal darüber nach, es war einfach so.

Am Hotel traf ich sie wieder und sagte wahrscheinlich: »Siehst du, da bist du wieder. Glück gehabt. Nächstes Mal fahr mir besser nach.«

Ich tat es ab als eine von vielen Kleinigkeiten. Elke sagte zu mir, dass es an diesem Tag war, als ich anfing, nicht mehr hundertprozentig auf sie aufzupassen.

In Jean-Luc Godards *Le Mépris* sind Michel Piccoli und Brigitte Bardot ein Paar, das sich einander entfremdet, als er für einen reichen, amerikanischen Produzenten ein Drehbuch umschreiben soll. Die Ehe kriselt, und dann lässt er sie mit dem Amerikaner im Cabriolet davonfahren, obwohl er weiß, dass der Ami auf seine Frau steht. Er lässt es sogar noch einmal geschehen und Brigitte Bardot beginnt ihn für diesen Verrat zu verachten. Es geschieht so subtil in *Le Mépris* und ist deswegen so wahr. Es sieht aus, als würde er ihr den Spaß lassen, aber er übergibt sie, er überlässt sie dem anderen.

Der kleine Verrat. Er ist eine Haltung, weniger eine Tat. Man ist müde. Beim hundertsten Mal sagt man Ja statt Nein. Elke wartet nie auf mich, sie geht immer vor, verschwindet in Läden, und ich muss sie suchen. Ich weiß, dass ich sie wiederfinde, aber an diesem Tag in Chiang Mai ließ ich sie gehen. Sollte sie doch sehen, wo sie bleibt.

Dann pass ich eben beim nächsten Mal auf sie auf, dachte ich. Aber etwas war passiert, das unsere Konversation am Isarufer harmlos dagegen erscheinen ließ. Diesmal handelte es sich um kein Missverständnis mehr, Elkes Verirren in Chiang Mai war ein kleiner Verrat. Und beide Erlebnisse wuchsen über die Jahre zu einem Wust an Korrekturen und förderten nur mehr und mehr Nachlässigkeiten.

Das Paar, das sich siebzehn Jahre lang nichts erzählte, kommuniziert jetzt über Anwälte. Zu einem unfassbaren Stundenlohn schreiben sich die Anwälte Kleinigkeiten, die sich das Paar nie sagen konnte.

Aus einem Satz wurde ein Gordischer Knoten, den keiner entwirren konnte, weil keiner die Zeit zurückzudrehen vermochte.

Den Gordischen Knoten der Antike schlug Alexander der Große einfach durch, anstatt ihn zu entwirren. Danach eroberte er die Welt, wie das Orakel prophezeit hatte.

Elke schlug den Knoten einfach durch: Sie verzieh mir. Seitdem passe ich besser auf sie auf.

Stuck in the mud

Als Sven und ich die Idee für das Buch hatten, waren wir glücklich und liebten uns und dachten, wir haben es wirklich geschafft.

Seit vierzehn Jahren sind wir zusammen und lieben uns immer noch. Wir haben zwei großartige Kinder, und das Leben ist gut zu uns.

Voller Euphorie begannen wir zu schreiben, und als wir ein paar Geschichten geschrieben hatten, gaben wir sie dem anderen zu lesen und sagten einander, wie gut wir uns finden. Aber dann kam irgendwie der Wurm rein.

Das Schreiben ging nur noch stockend voran, die Euphorie war verflogen, Zweifel machten sich breit, und ich dachte: Hier stimmt etwas nicht. Was schreiben wir da eigentlich? Was wollen wir? Wer sind wir? Wo sind wir? Wie können wir über die Liebe und die Ehe schreiben, wenn wir selbst so wenig darüber wissen und noch so viel lernen müssen?

Wir steckten fest. Ich steckte fest. Sven steckte fest. Jeder für sich.

Plötzlich schien alles auseinanderzufallen. Für das Buch, das wir voller Euphorie begonnen hatten, fand ich keine Worte mehr, ich saß in Afrika und sehnte mich zurück nach einer Heimat, die es nicht mehr gab.

Alles, was noch wenige Wochen zuvor Stabilität und Glück bedeutete, war reine Illusion geworden.

Morgens beim Teeaufbrühen brach ich unvermittelt in Tränen aus und konnte nicht mehr aufhören zu weinen. Ich beschwerte mich bei Gott, warum er uns hängenließ, ohne Inspiration, ohne Geld. Ich strengte mich so an, alles richtig zu machen, und es führte alles nur dichter in den Sumpf.

Zwei Tage später fuhren wir zu Freunden auf eine Farm. Es war ein strahlender Wintertag, und ich war immer noch verzweifelt. Doch der Nachmittag war phantastisch. Wir saßen in der Sonne auf der Veranda, das Essen schmeckte köstlich, die Gesellschaft war herzlich, es war ruhig, freundlich und friedlich. Schafe, Bullen, Berge, Palmen und Sonne.

Gegen Abend fuhr unser Freund Andries die ganze Gesellschaft auf der Ladefläche seines Pick-ups durch die Protea-Plantagen zum Gipfel des Berges, von dem aus wir einen großartigen Blick über das weite Land und auf den Sonnenuntergang haben sollten.

Kurz vor dem Gipfel blieb das Auto in einem Schlammloch stecken. Wir stiegen ab und legten Hölzer und Steine unter die Reifen, während uns drei Springböcke freundlich dabei zusahen. Aber was wir auch versuchten, wir bekamen die Reifen nicht frei, das Auto steckte zu tief im Dreck. Wir mussten es stehen lassen und zu Fuß zur Farm zurücklaufen. Meine Tochter begann zu quengeln und sich zu beschweren.

Unsere Freundin Cynthia sagte zu ihr: »Jetzt musst du

dich entscheiden, du kannst den ganzen Weg über weinen und greinen oder die beste Zeit deines Lebens haben. Zurücklaufen musst du in jedem Fall.« Luzies Laune änderte sich schlagartig. Sie hüpfte und rannte und hatte sich offensichtlich entschieden, die beste Zeit ihres Lebens zu haben. Wir liefen quer über die Felder, die Sonne ging unter, der Himmel färbte sich rot, und die Gräser und Pflanzen begannen im schwächer werdenden Licht zu leuchten, als gäbe es kein nächstes Mal.

Wir liefen durch einen kahlen Pappelhain, in dem die Frösche quakten. Ab und zu blieben wir stehen und lauschten den Fröschen und Vögeln, die ein Abendkonzert gaben. Es war so friedlich und innig, so stimmig. Nichts stand mehr zwischen uns. Jede Fremdheit war weggeblasen von dem frischen Abendwind, wir waren uns wieder einig: Alles ist gut und richtig, geradezu perfekt, hier, in diesem Moment.

Wir liefen in der anbrechenden Nacht hintereinander her, bis nur noch unsere Silhouetten zu erkennen waren, und als wir an der Farm ankamen, ging der Mond auf, und ein warmes Feuer brannte in der Stube.

Am nächsten Morgen wachte ich auf und brach nicht, wie an den Tagen zuvor, in Tränen aus, sondern war glücklich und voller Frieden. Ich lag im Bett und begriff, dass unser gestriges Erlebnis nicht nur eine Lektion für Luzie, sondern vor allem für mich gewesen war. Ich war diejenige, die sich festgefahren hatte und im Dreck feststeckte. Der Berggipfel, das Ziel, nur wenige Meter entfernt und doch unerreichbar. Ich konnte verzweifeln, mich auf den Boden schmeißen und toben, es würde nichts ändern, oder ich konnte aussteigen und zurücklaufen und die beste Zeit meines Lebens haben.

Der Berggipfel lief mir nicht davon. Der war immer da, und wir würden ein anderes Mal hinauffahren und die Aussicht genießen.

Ich hatte mich so sehr auf mein Ziel fixiert, dass ich den Weg dorthin nicht mehr sah. Und auch nicht die Möglichkeiten, die ich hatte: den gemeinsamen Spaziergang, die Schönheit der Landschaft, die beste Zeit meines Lebens zu haben.

Ich verstand, wie wir das Buch zu schreiben hatten. Nicht vom Berggipfel aus, sondern den Weg dorthin mussten wir beschreiben; in Geschichten und Bildern, so wie ich meine Situation begriffen hatte. Wir mussten den Weg beschreiben, den wir gingen, mit allen Schwierigkeiten und Hindernissen, Vogelstimmen, Sonnenuntergängen und Schlammlöchern.

Ich verstand, dass mein Glück hier liegt. An diesem Ort, in diesem Moment, und dass ich es nur nicht sehen konnte, weil mein Blick auf den Berggipfel gerichtet war und weil ich an nichts anders dachte und nichts anderes wollte, als da oben anzukommen.

In dem Film *African Queen* geraten Rose und Charlie mit ihrem Boot in ein Sumpfgebiet. Irgendwann steckt das Boot fest. Die beiden rudern und schieben und rackern sich ab, aber das Schilf wird immer dichter und dichter. Humphrey Bogart steigt aus dem Boot und zieht es hinter sich her durch das flache Wasser, während er sich einen Weg durch das dichte Schilf bahnt. Blutegel fallen über ihn her,

Rose steigt zu den Blutegeln ins Wasser, um ihm zu helfen, gemeinsam zerren sie das Boot hinter sich her, bis zur Erschöpfung, aber es ist kein Ausweg zu sehen. Nur Schilf um sie herum.

Erschöpft, am Ende seiner Kräfte liegt Charlie schließlich im Boot. Rose breitet liebevoll Decken über seinen zitternden Körper aus, und er sagt: »Das ist unser Ende, aber ich bereue kein bisschen, dass ich diese Reise riskiert habe, weil ich es mit dir getan habe.« Er greint nicht und jammert nicht und sagt nicht: »Schau, wohin du uns gebracht hast, hättest du nur auf mich gehört, ich wusste, es ist unmöglich zu schaffen, es ist alles deine Schuld, jetzt müssen wir sterben, nur weil du nicht auf mich gehört hast«, sondern er ergibt sich seinem Schicksal, wissend, er hat das Beste getan, was er tun konnte, dankend für die Liebe, die er gefunden hat, und schläft ein. Rose kniet neben ihm und betet: »Bitte Gott, öffne das Himmelstor für uns, und wenn wir vor dir stehen, dann beurteile uns nicht nach unserer Schwäche, sondern für unsere Liebe.«

Die Kamera fährt nach oben und gibt den Blick frei. Das Boot liegt in einer Schilfinsel nur wenige Meter von der Flussmündung entfernt. Gott erhört ihr Gebet. Er öffnet die Himmelstore, und in der Nacht beginnt es zu regnen. Der Fluss füllt sich mit Wasser, und das Boot wird von der Strömung erfasst und hinausgetrieben. Als die beiden am nächsten Morgen aufwachen, treiben sie aufs Meer zu. Sie sind gerettet.

Gott schützt die Liebenden.

Wenn wir uns festfahren und nicht mehr weiter wissen

und keinen Ausweg sehen, stelle ich mir vor, wie die Kamera nach oben fährt und wir ganz klein in unserem Boot sitzen, nur wenige Meter von der Meeresmündung entfernt, die wir durch das dichte Schilf nicht sehen können.

Erste Liebe

Nach Jahren der Gewohnheit, des Glücks, des manchmal unlösbaren Streits, liebe ich Elke wieder so, wie ich sie von Anfang an geliebt habe, ohne Zweifel. Das ist eine Liebeserklärung an eine wunderbare Frau, die mir heute noch ein Rätsel ist.

Ich sage auch den Kindern, wie großartig sie sind, nachdem ich einige Zeit nur erwähnt habe, was sie zu tun und was sie zu lassen haben. Ich sage ihnen jeden Tag, was ich an ihnen bewundere. Ich sehe sie im Schlaf an, so wie ich sie zutiefst berührt angesehen habe, als sie Babys waren. Ich kehre zurück zu meiner ersten Liebe.

Es ist ein langsames Zurückkehren, ungewohnt, aber ich will zu der Freude zurückkehren, die ich als Kind hatte, als ich an der Schreibmaschine Berichte aus einem Meeresbuch von Jacques-Yves Cousteau abtippte. Ich will zu der Euphorie zurückkehren, mit der ich mein erstes Buch schrieb.

Warum können wir nicht immer betrunken sein, wild, größer als die Welt, ein unlöschbares Feuer, ein Hoch, bei dem es einem in den Fingerspitzen wehtut? Das ist das Maß aller Dinge.

Zurückzukehren heißt nicht: das jetzt zu vergessen. Wir

können die Zeit nicht rückwärtslaufen lassen. Dazu ist die Erinnerung da.

Zurückzukehren zur ersten Liebe heißt, sich zu fragen: Warum habe ich das angefangen? Warum wurde ich Schriftsteller? Warum wollte ich Kinder mit Elke? Warum liebe ich das Meer so? Warum vermisse ich meine Schwestern, obwohl sie dreißig und keine Kinder mehr sind?

Ich habe meine Schwestern in den Armen gehalten. Wir haben unzählige Stunden zusammen verbracht, gespielt, uns verkleidet, uns Briefe geschrieben. Und genauso liebe ich sie heute noch. Alles andere ist falsch. Es spielt keine Rolle, dass sie nicht so leben, wie ich es mir für sie gewünscht habe. Es spielt keine Rolle, dass sie mir nicht mehr schreiben. Es spielt keine Rolle, dass mein letztes Buch weniger Menschen gelesen haben, als ich erwartet habe. Was zählt, ist, ob ich mein nächstes Buch mit der gleichen Freude schreibe wie das erste.

In unserem Gartenhaus lebt ein Mädchen, das demnächst heiraten wird. Wir sehen ihre erste Liebe jeden Tag, wenn ihr Freund sie abholt, wenn sie im Dunkeln zusammen im Auto sitzen. Kleine Briefe von ihm hängen an ihrer Tür. Sie strahlt. Es ist eine Liebe, die ganz am Anfang steht. Eine große Liebe.

Die beiden haben ein Jahr aufeinander gewartet. Jetzt halten sie Händchen, und er führt sie aus. Manchmal küssen sie sich heimlich. Sie sind wie Elke und ich, als wir uns über zwei Wochen lang immer wieder verabredeten, bis wir uns schließlich küssten und nie wieder auseinandergingen.

»Weißt du noch«, sagte Elke, »wir brauchten fast nichts damals. Mittags hast du mir ein Thunfischsteak gebraten, und abends tranken wir Bier.«

Ich weiß, was sie meint. Inzwischen sind wir eine Familie. Wir kennen den Alltag, Depressionen, Verzweiflung, Vergessen und Erschöpfung, aber die Regeln der ersten Liebe gelten noch, wir halten sie nur nicht immer ein.

Das Mädchen im Gartenhaus verdient wenig, kleidet sich mit wenig gut und ist den ganzen Tag unterwegs. Sie liebt ihr Leben, sie liebt die Welt, und zu alledem liebt sie auch noch ihren Verlobten. Sie braucht nichts weiter als diese Liebe.

Wir lernen von ihr. Ihre Liebe strahlt auf uns ab. Sie und ihr Freund waren dabei, als Elke und ich kürzlich in der Kirche heirateten. Es war eine kurze Zeremonie. Wir schworen, den anderen zu fördern in all dem, wie Gott ihn geschaffen hat. Wie Gott will, dass er wird, und nicht wie ich will, dass Elke ist, oder Elke, dass ich bin. Wir schworen, den anderen zu ehren und zu lieben in guten wie in schlechten Zeiten.

Ich verstehe diese Schwüre erst jetzt nach vierzehn Jahren mit Elke. Ich muss sie fördern, ehren, erhalten, dass sie so sein kann, wie Gott sie vorhatte. Egal was ich davon habe. Das ist erste Liebe. Der Augenblick der Wahrheit, den man ganz am Anfang der Liebe spürt, wenn man überwältigt ist und nichts anderes will, als dass es dem anderen gut geht.

Die Liebe am Anfang war heilig, und über die Jahre machen wir sie zum Gebrauchsgegenstand.

Die Liebe allein besteht, wir vermurksen sie. Aber anders als ein Haus oder ein Auto, anders als die Tage, die anderen Tagen folgen, bleibt die Liebe, wie sie ist. Wir können sie falsch benutzen, aber sie wird immer für sich großartig und wahrhaftig bleiben.

Das ist wichtig zu wissen, wenn man manchmal glaubt, die Liebe zueinander wäre beschädigt, wie ausgewrungen. Die Liebe ist da, bleibt immer gleich, steht über uns, sie ist sowieso nicht unsere Erfindung. Sie ist uns gegeben.

Und wenn ich zurückkehre zu unserer Liebe am Anfang, begegne ich wieder diesem Gefühl, das mich heute noch trägt: dass alles möglich ist mit Elke. Dass wir unbesiegbar sind.